LA

CARTOMANCIE

LA CARTOMANCIE

ANCIENNE ET NOUVELLE

OU

TRAITÉ COMPLET

DE L'ART DE TIRER LES CARTES

ÉGYPTIENNES OU FRANÇAISES, TAROTS, ETC.

Par toutes les méthodes employées jusqu'à ce jour ; d'après Etteilla et les Cartomanciens les plus célèbres

Augmenté d'*Horoscopes* pour les deux sexes ; d'un cours de *Chiromancie*, suivant les doctrines d'Albert le Grand, Ptolémée, Avicène, Averroës, Platon, Gallien, Antiochus, Tibertus, Indagines, Tricasse, Taisnier, Belot, Romphile, Cardan, Goclérius, Frœlichius, Depéruchio, Moreau, et feu mademoiselle Lenormand;

Suivi de la *Crânoscopie* ou *Phrénologie*, par les docteurs Gall et Spurzheim : de la *Physionomie*, par William de la Colombière : des *Indiscrétions Physionomiques* de Gaspard Lavater, terminé par les *Pronostics* du docteur Melchisedech, sur la destinée de chaque personne.

LE TOUT RECUEILLI ET MIS EN ORDRE

Par HALBERT (d'Angers)

Auteur de divers Ouvrages de ce genre.

ÉDITION ORNÉE DE GRAVURES

Notamment du dessin exact des Mains de l'Empereur Napoléon et de Joséphine de Beauharnais.

Dieu met dans la main de l'homme sa destinée
SALOMON.

PARIS

CHEZ TOUS LES LIBRAIRES

AVANT-PROPOS

La manière de lire dans les cartes françaises et dans les cartes égyptiennes est uniquement due au célèbre ETTEILLA, qui débuta en France, en 1753, par un abrégé de l'*Art de tirer les Cartes*.

Depuis 1772, l'ignorance a ordonné à ses prosélytes de faire paraître diverses manières de les tirer ; mais au fur et à mesure, elles ont été rejetées, parce que n'étant pas composées suivant les principes de la *Cartomancie égyptienne*, elles ne répondaient pas à l'attente des curieux. On n'en tirerait aucune vérité.

Plus instruit que ceux qui ont hasardé leurs compositions, nous avons dû imiter les savants qui puisent les vérités de leur science et de leur art dans les principes établis par les maîtres.

Ainsi, en avouant le profond Etteilla et ses ouvrages sur toutes les branches de la magie où nous avons puisé, nous ne pouvons manquer de remplir les vues de ceux qui sont curieux de lire dans les Cartes.

AU BEAU SEXE

Le sort de ce livre est entre les mains des dames ; ainsi il est bien juste de leur dédier un ouvrage qui n'a pour but que d'interroger le sort sur ses secrets. Un autre motif devait nous y déterminer : lorsqu'une belle prend les cartes magiques et tâche de lever un coin du voile qui couvre l'avenir, elle n'est portée à ce moment de curiosité que par une tendresse bien naturelle, un sentiment bien honorable : c'est pour un amant, c'est pour un père, pour un fils, pour un époux, qu'elle veut lire dans l'avenir. — Comme elle tremble lorsque la carte funeste se présente à ses yeux ! — Comme elle se réjouit lorsqu'un présage heureux paraît en faveur de ce qu'elle aime.

Puisque l'amour et la tendresse ont fait naître la Cartomancie, ce devait nécessairement être chez le beau sexe qu'elle devait avoir accès. Pour seconder les vœux des jolies devineresses, nous avons renfermé dans ce volume tous les systèmes connus pour interpréter les cartes, tant ordinaires qu'égyptiennes et tarots, les horoscopes, la chiromancie, la physionomie, les prédictions, etc... calculés suivant les systèmes des philosophes anciens et des meilleurs maîtres modernes.

Nous n'aurions rien voulu omettre ou négliger dans une chose aussi essentielle. Il ne nous reste plus, après un tel travail, qu'à souhaiter que la somme de bonheur annoncée dans notre volume, surpasse toujours celle du malheur. Puissions-nous, par de douces illusions, conduire à une réalité plus douce encore !

L'Auteur.

L'ART DE TIRER LES CARTES

En 1750, on ne connaissait pas en France l'art de tirer les cartes; mais en 1751, 52 et 53, trois personnes âgées se donnèrent pour les tirer.

Elles avaient raison, puisqu'après avoir mêlé et fait couper un jeu de 32 cartes, elles les faisaient tirer une à une du jeu, et lorsque le questionnant avait sorti un pique, cela (prétendaient ces vieilles gens) annonçait du chagrin, de même que les cœurs annonçaient de la joie, les carreaux de la campagne et les trèfles de l'argent. Le fanatisme cria au sacrilége; et la police, pour sauver ces prétendus sorciers de la main des dévôts, les faisait renfermer sans les entendre à Bicêtre ou à la Salpétrière.

Cette tyrannie dura jusqu'en 1770, où Etteilla, qui avait réfléchi, étudié, et enfin reconnu que le faux art de tirer les cartes provenait de la plus utile et de la plus sublime des sciences, s'opposa avec autant de force que de raisonnement et d'adresse à l'ignorance de la police et du fanatisme. Dès 1753, notre savant rénovateur de la cartomancie avait débuté par jeter en bas l'ART DE TIRER LES CARTES UNE A UNE, en y suppléant l'art de lire dans l'ensemble des cartes amenées sur la table. Mais, c'est notre avis, de même eût-il pu, au premier abord, par le titre que nous prenons, l'ART DE LIRE DANS LES CAR-

TES, empêcher que le faux titre de l'ART DE TIRER LES CARTES se perpétuât.

Notre auteur, dès 1753, en donnant la manière de lire dans les significations adoptées aux cartes, avait non-seulement rédigé les fausses significations que ces trois personnes leur admettaient chacune de leur côté; mais il avait en outre accordé ces significations en prenant légitimement pour le neuf de cœur celle de la victoire, qui, par une autre de ces trois personnes, était mal à propos attribuée au neuf de carreau, etc.

L'art de tirer les cartes, suivant Etteilla, ne pouvait être d'une invention aussi moderne que les cartes françaises. D'après un manuscrit ancien, il le crut provenir des 33 bâtons d'un Grec qui, dans la Gaule, s'en servant pour rendre des oracles, avait pris ou avait naturellement pour nom ALPHA.

Cette origine n'était point juste, mais elle n'était pas non plus dénuée de rapport, puisque les bâtons d'Alpha, à l'art de tirer les cartes, sont ce que l'on peut dire les fables qui ont succédé à la vérité de la cartomancie égyptienne. Mensonge heureux s'il en peut être, puisque sans l'art de tirer les cartes notre siècle n'eût peut-être pas eu l'avantage de mettre au rang de ses découvertes la plus utile de toutes les sciences, la CARTOMANCIE.

Dès l'abrégé de 1757, notre auteur ne manqua pas d'appuyer de nouveau que tirer les cartes une à une du jeu pour les expliquer une à une, était une ignorance imitée de la manière de chercher les oracles dans l'Odyssée d'Homère, les vers de Virgile et l'abus du sort des saints.

Enfin, notre savant professeur de cartomancie, en 1757, instruit par un Piémontais que le livre des premiers Égyptiens, livre nommé THOT OU TOUT, tracé en hiéroglyphes et connu sous le nom et le jeu de TAROTS ou mieux THAROTH, renfermait toutes les sciences anciennes, en fit une sérieuse étude; et malgré les empêchements des censeurs royaux, de l'administration de la librairie et de la police, en 1782 parut son ouvrage sur le THAROTH ou TAROTS, qui lui avait coûté plus de dix ans consécutifs d'études et de réflexions.

Cet auteur, en rendant justice à la science de Courtet de Gebelin, terrassa ce que ce grave antiquaire avait prescrit dans son huitième volume du MONDE PRIMITIF, d'après un amateur qui lui-même n'avait pu copier l'art de tirer les cartes dont il est question que d'après sa cuisinière.

Nous n'eussions pas entré dans ces légers détails historiques et critiques, si nous n'étions moralement persuadés que la cartomancie égyptienne (d'où Etteilla a tiré la cartomancie française que nous offrons ici comme complète édition, y compris les abrégés) deviendrait un jour la science le plus en usage dans l'éducation des hommes, puisqu'elle est reconnue par la société littéraire (MM. les interprètes du livre de Thot) la vraie et l'unique science par principe de la prévoyance et de toutes nos vertus morales. Entrons dans notre sujet.

A voir cette instruction sans les 33 cartes qui vont avec, on ne serait pas plus instruit que d'avoir les cartes sans l'instruction; mais dès que l'on sait, on peut avoir recours à un jeu de piquet, auquel on ajoute une carte blanche, ce qui est facile, puisqu'il ne faut que prendre dans un autre jeu un as, et l'effacer avec le doigt mouillé d'un peu de salive ou d'eau.

On sent la nécessité d'une carte blanche, lorsqu'on réfléchit que si un homme brun consultait pour lui les oracles, et qu'il se prît en roi de trèfle, qui désigne un homme brun, il ne pourrait pas découvrir si un homme brun veut lui être utile ou nuisible.

Si ce que nous disons semble aussi juste que cela est, il faut partir d'après ce raisonnement, et on avouera que ceux qui n'admettent pas une carte blanche ne sont que de vrais tireurs de cartes, ou, ce qui est le même, des ignorants.

EXPLICATION DU JEU DE TAROTS

OU

LE GRAND ORACLE ÉGYPTIEN

Contenant 82 tableaux composés de 164 figures et animaux et le jeu de cartes de 52. La manière de les tirer, tant avec ce jeu qu'avec les cartes ordinaires.

1. LA TERRE

Le lion, sous son signe ordinaire, indique l'été ou les ardeurs du soleil. Le cœur est l'allégorie de l'automne, où on laboure et l'on sème. Le huit de carreau, placé sous le bœuf, désigne campagne, terre, labour. Lorsque ce tableau est précédé de Jupiter, il est d'un augure favorable.

2. HOMME ET FEMME MÉCHANTS

L'homme est à droite, une coupe de poison est à côté de lui, et sa main gauche est armée d'un poignard; près de lui est Pandore, désignant par un mouvement de curiosité la boîte fatale renfermant tous les maux qui doivent désoler l'humanité.

Ce tableau annonce de grands malheurs, s'il n'est pas précédé de Jupiter ou du soleil; le huit de pique désigne la même chose.

3. ÉTOILES BRILLANTES

Cette femme présage un temps heureux et la fertilité; la nature y est représentée par cette femme agenouillée qui laisse épancher sur la terre deux liqueurs, dont l'une sort d'un vase d'or et l'autre d'un vase d'argent, la chaleur et l'humidité. Ce tableau est d'un bon augure; il annonce la prospérité et la réussite dans tous les désirs que l'on peut former.

4. UNION

Deux montagnards voyagent ensemble, partagent les peines de la route, se consolent, se soulagent et vivent du produit de leurs faibles talents. C'est ce que l'on appelle bonne union, fraternité. Le cinq de cœur désigne la même chose.

5. HOMME DANGEREUX

C'est une représentation fidèle de ces indiscrets, ces gens suffisants, persiffleurs, à qui rien ne coûte, calomnie, médisance, pour en venir à leurs fins et tromper les personnes qui ont la faiblesse de les écouter.

11. BIENFAITS, AUGMENTATION

Une souris, animal immonde, entraîne sur la roue de fortune un homme lui-même. A côté de la roue est un tronc d'arbre desséché, sur lequel est un singe couronné. Ainsi l'ignorance et la bassesse sont favorisées par la fortune, qui oublie le génie et la vertu.

12. RICHARD CORRUPTEUR

Ce tableau représente un richard donnant une bourse à une femme, qui semble livrer pour ce prix une jeune fille. Ce sujet annonce fausseté, tromperie et gens dont on doit se méfier.

13. PROPOS

Ce tableau représente la lune et les animaux terrestres. On a choisi le loup et le chien pour désigner les animaux sauvages et domestiques et ensuite parce qu'à l'aspect de la nuit ils poussent des hurlements comme s'ils regrettaient le jour. Les deux tours ou forteresses offrent toujours des obstacles à surmonter. Le sept de pique désigne le même sujet.

14. VOYAGE

La déesse Isis, au milieu d'un cercle formé par un serpent qui se mort la queue, représente l'univers, le cercle, l'emblème des révolutions annuelles, est l'image de l'éternité, qui n'a eu ni commencement ni fin. Isis, que les Egyptiens considéraient comme l'origine de tout, semble prête à courir. Aux deux coins du tableau sont les emblèmes des saisons. Le jeune homme sous le signe des Gémeaux, représente l'hiver, saison où l'on se réunit en société, et l'aigle, sous le signe de la vierge, est l'image du printemps.

15. ENNUI ET DÉGOUT

Ce tableau représente une femme nonchalamment couchée sur un canapé, et laissant échapper un livre de ses mains. Elle annonce l'ennui et l'insouciance. Le quatre de carreau présente le même sujet.

21. BILLET DOUX.

Ce tableau représente un de ces messagers d'amour qui attend la réponse d'une lettre qu'il vient de donner à une jeune femme. Il annonce également nouvelles et invitations agréables.

22.

Un traître, au milieu des ténèbres, enveloppé

dans son manteau, une lanterne sourde à la main et un poignard de l'autre. Ceci doit nous inspirer de la défiance pour les ris et les caresses de quelques personnes, surtout en voyage. Le dix de carreau est du même augure.

23.

Ce tableau représente Bellone dans un moment de fureur, le casque en tête, le bras couvert d'un bouclier, sa main armée d'une épée, elle vole au combat : un cadavre est étendu à ses pieds. Ce sujet désigne assez les fureurs de la guerre, sous la planète de Mars. Le six de pique répond au sujet.

C'est le signe de la ruine et de la mort.

24. FIDÉLITÉ

Ce tableau représente une femme tenant de la main droite la clef d'un coffre-fort, et de l'autre flattant un chien. Le trois de cœur présage fidélité. Ce sujet est d'un très-bon augure.

25. CHAGRIN ET DEUIL

Ce tableau représente une femme pleurant, appuyée sur une urne entourée de cyprès ; c'est l'annonce de la mort de quelqu'un ; s'il se trouve à votre gauche, c'est celle d'une femme. Ce sujet désigne des peines et chagrins. Le neuf de pique est du même présage.

31. VICTOIRE

Ce tableau, fût-il entouré de tableaux sinistres, est d'un très-bon présage ; les rayons du soleil pénètrent partout. Le neuf de cœur, placé au coin, désigne victoire, bonheur et réussite dans les grandes opérations.

32. BATELEUR

Bateleur vient de baste, bâton. Placé à la tête des états, il indique que la vie n'est qu'une illusion, un escamotage. On regarde ce tableau comme de mauvais augure. Le deux de pique est du même présage.

33. FAUSSE AMIE, FEMME TRAITRE

Elle est représentée par une nouvelle parvenue couchée sur un sopha, ayant devant elle un aras, oiseau très-criard. D'une main, elle tient un livre obscène, et à son côté est un chapelet. C'est une femme dont le caractère est double.

34. DOUCEUR

Ce tableau représente un jeune homme et une jeune demoiselle s'occupant de leur prochain mariage. Cela signifie douceur et entretien agréable.

35. MARIAGE ET RÉUNION

Ce tableau représente le mariage de deux amants qui s'étaient brouillés, mais qu'un sage ami vient de réunir. C'est le moment de leur hymen. Cela désigne grande joie, bonne intelligence.

41. HOMME BLOND BIENFAISANT

Ce tableau représente un homme sensible qui ramène la paix dans un ménage, que de mauvais propos avaient éloignée. Cela signifie secours, assistance, sages avis. Le roi de cœur lui est attribué.

42. BONNE FEMME BLONDE

Une bonne femme, honnête et vertueuse, jouit en ce moment du plus doux des plaisirs en faisant l'aumône. La dame de cœur lui est attribuée.

43. GARÇON BLOND

Un jeune homme, dans un fauteuil, semble inviter quelqu'un à s'asseoir; il attend la réussite de quelques billets doux. Ce tableau désigne déclaration d'amour. C'est le sujet du valet de cœur.

44. FILLES BLONDES ET CHATAINES

Deux demoiselles ont l'air de fixer quelqu'un; elles s'entretiennent de projets de mariage, de parures, de bal, plaisirs de leur âge. Ce sujet désigne amitié, confidence.

45. ÉTRANGER, NOUVELLES

Ce tableau représente un bon paysan en voyage, le sac sur le dos, le bâton d'une main et de l'autre une lettre. Ceci annonce qu'une lettre sera apportée par un homme de campagne. Le valet de pique lui est attribué.

51. PETIT-MAITRE EMBARRASSÉ

On voit un petit-maître fort embarrassé; il est placé entre deux jolies femmes, ne sachant quel choix il doit faire. Le sujet de tristesse annonce qu'il s'agit de deux demoiselles. Si le tableau vient à droite, le choix sera bon, et mauvais s'il se présente à gauche.

52. SOLITUDE, REPOS

Une femme occupée à lire, et jouissant de la paix des champs, de la félicité naturelle. C'est un présage de sagesse et de vertu.

Sollicitude. Ici les deux âges sont désignés par l'enfance et la vieillesse. Le six de cœur veut dire franchise et amitié.

53. BATTERIE, BACCHANAL, DISPUTE

Ce tableau représente des femmes en querelle et qui en sont venues aux voies de fait. C'est le présage de quelque désagrément ou de quelque dispute inattendue.

54. SOTTISE, MAUVAISE COQUETTE

Trois femmes sont occupées à coudre et à jaser. La plus âgée raconte aux deux autres les aventures de sa jeunesse; celles-ci lui prêtent grande attention. Cette carte signifie conversation, dissipation, médisance. Le sept de carreau est le même sujet.

55. FEMME TRAITRE

Ce sujet représente une femme traître, se cachant la figure avec un éventail pour dérober son air faux, et flattant un chat, symbole de trahison. C'est l'avertissement qu'il faut se défier d'une méchante femme. La dame de pique lui est attribuée.

61. OBSTACLE

Ce tableau représente une espèce de mur qui devient un obstacle à un aveugle, dont il coupe la route ; l'enfant qui le conduit semble lui dire qu'il ne peut pas aller plus loin. Cela veut dire que des envieux intriguent pour vous empêcher de réussir; mais si ce tableau est précédé par la prudence et la victoire, la réussite est complète. Le six de carreau est le même sujet.

62. PRISON

Ce sujet est une prison lugubre dans laquelle est un homme enchaîné. Ce triste tableau signifie captivité, détresse; mais, suivi de la victoire, ce tableau est sans effet.

63. DÉPOUILLEMENT, VOLEURS

Ce tableau représente des voleurs qui attaquent un voyageur. C'est une mauvaise carte, si elle n'est précédée de la prudence. Le cinq de pique est le même sujet.

64. JALOUSIE, COURTISANE

Ce tableau représente un homme et une femme qui se font des caresses ; un jaloux dans le fond les examine ; c'est sans doute un amant trompé ; il projette de se venger. L'as de cœur signifie la même chose.

65. VILLE

On aperçoit une ville dans le lointain, des voyageurs paraissent s'y rendre. Ceci signifie voyage, arrivée. Le trois de carreau est le même sujet.

71. LE DÉSIR

C'est une espèce de vase de terre d'où il s'échappe par le goulot étroit des flammes pures et distillant une essence consacrée à Vénus. Les deux serpents qui se croisent marquent le choix et la prudence qu'il faut apporter dans la formation d'une alliance. Les deux coupes désignent deux époux. L'as de pique signifie amours, Vénus, plaisirs.

72. ABANDON, DÉSUNION.

Il représente le prompt départ d'un homme qui cause un grand chagrin à sa famille, à ses amis et surtout à son amante. Le deux de carreau signifie la même chose.

73. CÉLIBATAIRE, INDÉCISION

Il représente un célibataire appuyé sur une table. C'est l'image de l'inconstance et de l'indécision. Le sept de carreau annonce l'inconstance.

74. ABONDANCE

Elle est représentée sous la figure de Cybèle, déesse de la terre et mère des dieux. Dans sa main gauche, elle tient une gerbe de blé, dans l'autre une corne d'abondance. Le dix de cœur désigne fortune, joie et contentement.

75. PROCÈS, CHICANE

Ce tableau représente deux procureurs qui s'injurient. C'est sujet de chicane et de procès, non réussite et mauvaises affaires ; à droite, procès traîné en longueur par l'intérêt; sujet de mauvais augure.

6. CAQUETS

Deux femmes sont occupées à médire et à calomnier les unes et les autres; les merles et perroquets qui les environnent n'annoncent que caquets et propos.

7. NOUVELLES

C'est à la sagacité de la personne qui tire les cartes, à expliquer si c'est bonne ou mauvaise nouvelle, eu égard aux tableaux précédant et suivant celui-ci; l'homme à cheval ayant une malle derrière lui, annonce que les nouvelles viennent par la grande poste.

8. CRÉATION DE L'HOMME ET DE LA FEMME

Les anciens ont regardé les hommes comme les enfants de la terre (témoin les dents semées par Cadmus, les pierres jetées par Pyrrha). Pour représenter la création de l'homme, Thot a choisi Osiris, ou le dieu générateur, qui, d'une main aussi puissante que bienfaisante, indique cette matière et l'anime.

9. LE PARADIS PERDU

L'homme et la femme, chassés du paradis terrestre, désignent la chute des humains. Une épée flamboyante, ou plutôt la queue d'une comète, précipite leur fuite, qui est accompagnée d'une grêle terrible. Le huit de pique désigne la même chose.

10. LA FORCE MAJEURE

Ce tableau représente le génie de l'univers, au milieu de l'homme et de la femme. C'est un démon dont la tête est ornée de deux cornes de béliers et de flammes; une ample barbe se partage en deux parties et descend jusque sur sa poitrine; ses cuisses et ses jambes sont velues. Il est représenté debout, tenant en main un flambeau; près de lui sont un homme noir et une femme blanche, coiffés de cornes et de flammes.

16.

Sous la figure d'une femme qui terrasse un lion, la Force est ici représentée; elle ouvre la gueule du lion avec autant de facilité que si ce n'était qu'un petit épagneul; elle vient au secours de la Prudence. En triomphant du lion, qui est l'emblème de la terre inculte et sauvage, c'est nous apprendre que la Prudence et la Force doivent toujours aller de compagnie. Pour que le tableau soit d'un bon augure, il faut que la Prudence le précède.

17. LA PRUDENCE

Ici est représentée la Prudence; elle est debout, mise simplement; sur sa ceinture est écrit Thot; dans sa main gauche elle tient son emblème ordinaire. C'est avec précaution qu'elle s'avance dans le chemin étroit et environné d'épines qui lui est tracé.

18. LA TEMPÉRANCE

La Tempérance estre présentée sous l'allégorie

d'une jeune femme ailée, qui, pour instruire l'homme et lui apprendre à éviter les maux qui naissent de l'intempérance, verse de l'eau dans du vin et lui fait comprendre qu'il faut apaiser la violence de ses désirs. Le quatre de cœur désigne la même chose et annonce bonheur et longue vie.

19. LA JUSTICE

Ce tableau offre la Justice. Astrée elle-même, descendue des cieux, est assise sur son trône d'ébène. D'une main, elle tient une balance dans laquelle elle pèse les actions humaines; de l'autre, un poignard pour punir le crime. Elle est représentée de face, afin que l'on voie mieux la fermeté de son regard. Ce tableau est un signe de bonheur. Le deux de trèfle répond au même sujet.

20. LA FORTUNE

La fortune est nue, et sans autre parure qu'une draperie légère; ses yeux sont bandés; elle verse ses dons au hasard en parcourant la terre. Un génie ailé veut l'arrêter par sa draperie, mais vainement.

26. MORTALITÉ

La Mort est représentée avec tous ses attributs, et semble prête à anéantir tout ce qui existe, grands et petits. Ce tableau annonce chagrin et perte d'amis.

27. LE SAGE

Un philosophe vénérable, appuyé sur un bâton, et, de sa main droite tenant une lanterne, cherche la vertu et la justice. Cette allégorie nous apprend qu'on ne peut être heureux sans la sagesse.

28. DISSENSION

Osiris, première divinité des Égyptiens et des

peuples sabéens, image symbolique du soleil, qui reparaît avec plus d'éclat que jamais après l'hiver. Osiris sur son chariot, cuirassé, armé d'un javelot, exprime les dissensions, les meurtres, les combats du siècle d'airain, et annonce celui de fer. Le roi de pique, qui se trouve au coin gauche du tableau, désigne un homme d'État ou de robe : c'est un présage d'appui et de protection.

29. HOMME ENTRE LE VICE ET LA VERTU

Ce n'est plus la Raison qui conduit cet homme placé entre le Vice et la Vertu, c'est le Hasard. Il balance, il ne sait de quel côté il se jettera : un désir, un rien peut l'entraîner. Le Vice l'attire en souriant ; mais la Vertu, dans sa simplicité même, semble l'emmener près d'elle. Cette allégorie nous apprend à nous méfier de certaines gens qui cherchent à nous séduire.

30. L'AMOUR VOUS UNIT

L'union conjugale est ici représentée par un jeune homme et une jeune femme qui se donnent mutuellement leur foi. L'Amour leur sert de prêtre et de témoins. Les beaux titres de vérité, honneur et amour, distinguent ces personnages. La vérité désigne ici la femme, parce qu'une fidélité constante lui est nécessaire. Ce tableau annonce le bonheur.

36. LA FOI

Cette jeune femme, armée d'une massue, a sur la poitrine un œil, signe de vigilance ; près d'elle est une table d'airain. Elle est assise sur une pierre triangulaire, au milieu d'un nuage épais. On voit au-dessus d'elle deux mains qui se prennent amicalement : c'est un signe de bonne foi et d'union. Le trois de trèfle désigne la même chose.

37. JUPITER

Jupiter, souverain de l'univers, assis sur un nuage, l'aigle à son côté, la foudre en main, menace ou calme la terre : c'est le protecteur des humains. Ce tableau présage grand bonheur, consultation. Le roi de carreau est du même augure.

38. JUNON, PROTECTRICE

Junon est la souveraine des dieux. De sa main droite, la déesse montre le ciel, et de l'autre la terre. Quand ce tableau vient à droite, c'est signe d'une grande protection. La dame de carreau désigne la même chose.

39. LE FOU

Ce tableau représente un fou. On le reconnaît à sa marotte, à son hocqueton garni de coquillages et de sonnettes ; il marche très-vite, croyant échapper à un tigre qui lui mord les reins. Quant au sac, il est l'emblème de ses fautes, qu'il ne voudrait pas voir ; et le tigre, celui des remords qui le suivent et s'attachent après lui. Le trois de pique désigne inconduite, prodigalité.

40.

La consultante est représentée nue pour marquer la vérité. Nous nous reportons au temple de la création ; alors le genre humain n'était point dégradé. Ce tableau se met sous le signe de la Vierge. Les personnes instruites connaissent leurs rapports, et savent que leurs planètes adoptives sont Mars et Mercure, suivant l'astronomie.

46. HOMME DE CAMPAGNE

Ce tableau représente un bon paysan en voyage, la besace sur l'épaule et son chien devant lui. Le valet de carreau lui est attribué. Cela annonce l'arrivée de quelque fermier ou homme de campagne.

47. FILLES BRUNES ET CHATAINES

Deux demoiselles se donnant le bras semblent se parler de choses intéressantes. Cette carte annonce amitié, confidence.

48. GARÇON BRUN

Un jeune homme, dans un fauteuil, semble inviter quelqu'un à s'asseoir. Ce sujet annonce bon accueil, politesse, visite inattendue. Le valet de trèfle offre le même sujet.

49. BONNE FEMME BRUNE

Une bonne femme brune caresse son enfant. Ce sujet annonce la douceur, la vertu, la bonté même. La dame de trèfle désigne la même chose.

50. HOMME DE TOUT CŒUR

Ce tableau offre un de ces hommes brusques, un bourru bienfaisant, qui ne peut voir d'un œil sec la misère d'autrui. Il donne une bourse d'argent à une vieille femme, et ne veut pas même qu'elle le remercie. Le roi de trèfle désigne un chef de famille, un homme de bien.

56. CHARITÉ, FRANCHISE

La Charité, sous la figure d'une femme, présente le sein à travers la grille d'une prison à un vieillard, et est entourée d'enfants qui semblent partager sa tendre sollicitude. Ici les deux âges sont désignés par l'enfance et la vieillesse. Le six de cœur veut dire franchise et amitié.

57. VIEILLARD, PÈRE DE FAMILLE

Ici un vieillard, habitant des campagnes, partage ses caresses entre sa femme et ses enfants; son air vénérable, ses jouissances mêmes, tout annonce que c'est un homme vertueux en qui l'on peut se confier, et chez qui l'on trouve des consolations. Le cinq de trèfle désigne protection, prospérité.

58. UN HYPOCRITE

Cet homme est un hypocrite qui n'accorde jamais un léger bienfait, que lorsqu'il est sûr d'être vu; il est facile de voir que c'est un de ces tartufes qui, sous le manteau de la religion et de la sagesse, brûlent des passions les plus criminelles. Le quatre de trèfle annonce quelque chose de sinistre.

59. ÉCONOMIE, SOURCE D'ARGENT

Un homme assis près d'un coffre-fort, et tenant une bourse pleine, annonce un économe, si ce n'est pas un avare. Son air cependant le ferait assez croire. L'as de trèfle est le même sujet. A droite, ce tableau annonce un riche capitaliste qui nous offrira sa bourse; à gauche, un avare qui ne nous prêtera qu'à un intérêt considérable.

60. LETTRE ENVOYÉE

Une jeune femme assise reçoit une lettre que lui apporte un jockey. Ce sujet, ainsi que l'as de carreau, annonce nouvelles et invitations agréables.

66. BON VOYAGE PAR MER

Ce tableau représente un vaisseau qui a le vent en poupe. C'est un présage heureux pour tout le monde, et surtout pour ceux qui ont leur fortune sur mer.

67. MAISON, TABLE, FESTIN

Quatre personnages, hommes et femmes, paraissent se réjouir et savourer les vins les plus délicieux. Ce tableau présage bonne société, jouissance.

68. PATROUILLE, SURETÉ, POURSUITE

Une sentinelle dans sa guérite désigne la surveillance; une patrouille à sa droite, dans le lointain, signifie sûreté; à gauche, poursuite imprévue.

69. NAUFRAGE, GRAND MALHEUR

Un vaisseau fait naufrage sur une mer horriblement agitée; le ciel est en feu, la foudre s'échappe; les matelots cherchent à éviter la mort en se cramponnant après des rochers. Le dix de pique signifie la même chose.

70. LA RENOMMÉE

La renommée, au milieu de son vol, embouche la trompette qui lui sert à publier les actions éclatantes; elle tient aussi les couronnes qu'elle va distribuer à ceux dont elle fait l'éloge. Elle annonce les calamités de même manière. Lorsqu'elle vient à droite, elle apprend des choses agréables; mais lorsqu'elle vient à gauche, c'est la calomnie qui la guide.

76. BONNE FOI, AMITIÉ, RÉUSSITE

Ce tableau représente deux hommes qui, depuis longtemps divisés, se réunissent; ils se promettent amitié, constance. Le neuf de trèfle annonce aussi grande réussite en amitié.

77. L'ESPÉRANCE

Une pauvre femme appuyée sur une ancre, levant la main au ciel pour le supplier de faire arriver à bon port le navire que l'on aperçoit de loin, telle est l'image de l'Espérance. C'est la planète de Mercure, comme étant celle qui influe le plus sur les humains, en leur donnant plus ou moins le génie, l'invention et le commerce.

78. LUCINE, FÉCONDITÉ

Lucine, déesse qui préside aux accouchements, assise sur un nuage, tient une corne dans laquelle sont deux enfants de l'un et de l'autre sexe; un génie l'éclaire de son flambeau. Le six de trèfle annonce prospérité.

79. L'HYMEN

L'Hymen, assis sur un nuage, tenant d'une main un flambeau, et de l'autre deux cœurs enflammés dont il a fait le bonheur, annonce réunion, ainsi que le deux de cœur. Placé à droite, ce tableau annonce que l'on réussira dans quelque réconciliation.

80. L'AMOUR

L'Amour est représenté un bandeau à claire-voie sur les yeux; il est orné de fleurs. L'arc qu'il tient dans sa main, annonce qu'il est prêt à percer le cœur de celui ou celle qui se méfiera le moins de lui. Si la victoire le précède, la personne résistera au pouvoir de l'Amour.

INSTRUCTION

RELATIVE A L'ORDRE SUIVI POUR LES NUMÉROS.

Pour l'intelligence de ce nouveau jeu de cartes, nous devons faire observer que les Égyptiens commencèrent à compter par leurs doigts depuis 1 jusqu'à 10; mais que, dans leurs mystères, ils calculaient de 5 en 5, c'est-à-dire 5,

11, 21, 31, 41, 51, 61, 71; puis ils retournaient aux numéros 6, 16, 26, 36, 46, 56, 66, 76, 80. Nous avons suivi exactement la même méthode dans le placement des numéros de ces cartes.

DÉSIGNATION DES 52 CARTES.

Les carreaux.	*Les trèfles.*
L'as, nouvelles.	L'as, argent.
Le 2, départ.	Le 2, justice.
Le 3, arrivée.	Le 3, bonne foi.
Le 4, ennui.	Le 4, triomphe.
Le 5, médisance.	Le 5, consolation.
Le 6, difficultés.	Le 6, prospérité.
Le 7, inconstance,	Le 7, invitation.
Le 8, campagne.	Le 8, fille brune.
Le 9, grande entreprise.	Le 9, grande réussite.
Le 10, trahison.	Le 10, un amant.
Le roi, grand hommage.	Le roi, homme de bien.
La dame, protection.	La dame, douceur.
Le valet, homme de campagne.	Le valet, un jeune homme.

Les piques.	*Les cœurs.*
L'as, amour.	L'as, jalousie.
Le 2, maladie.	Le 2, rupture.
Le 3, inconduite.	Le 3, fidélité.
Le 4, accident.	Le 4, bonheur.
Le 5, malheur.	Le 5, bonne union.
Le 6, mort.	Le 6, franchise.
Le 7, obstacle.	Le 7, amitié.
Le 8, perte.	Le 8, fille blonde.
Le 9, peines.	Le 9, victoire.
Le 10, naufrage.	Le 10, joie.
Le roi, appui.	Le roi, homme sensible.
La dame, femme traître.	La dame, générosité.
Le valet, un étranger.	Le valet, indécision.

ORDRE DES CARTES PAR NUMÉROS, ET LEUR VALEUR D'APRÈS ETTEILLA.

—

R, signifie rencontre de deux cartes, qui est quand on prend la première et la dernière des cartes étalées sur la table.

E, signifie Etteilla, c'est-à-dire que c'est Etteilla qui prononce l'oracle contenu dans les mots qui suivent l'E.

(Voyez les tableaux suivants).

Comme on le verra sur les diverses planches qui ornent ce volume, il est nécessaire de marquer le haut et le bas de l'as, du huit, neuf et dix de carreau, car sans cette précaution il deviendrait impossible de connaître une carte renversée.

CARREAUX.	LES MÊMES INVERSES
Le Roi. C'est un homme.	Un homme.
N. 2. Fidélité.	N. 2. Père.
—	—
R. 29. Voleur.	R. 29. Voleur.
E. Or sur vous.	E. Or sur vous.
La Dame. Une femme.	Une femme.
N. 3. L'air.	N. 3. Mère.
—	—
R. 28. Vie extraordinaire.	R. 28. Vie extraordinaire.
E. Caractère.	E. Caractère.

LES CARREAUX.	RENVERSÉS.
VALET. Militaire.	Domestique.
N. 4. Fierté.	N. 4. Parent.
—	—
R. 27. Généalogie.	R. 27. Généalogie.
E. On vous attend.	E. On vous attend.
AS. Billet.	Lettre.
N. 5. Beau-père.	N. 5. Solitude.
—	—
R. 26. Mauvais.	R. 26. Mauvais.
E. Préssant besoin.	E. Pressant besoin.
LE DIX. Trahison.	Or.
N. 6. Commencement.	N. 6. L'eau.
—	—
R. 25. Repos.	R. 25. Repos.
E. Chute.	E. Chute.
LE NEUF. Retard.	Entreprise.
N. 7. Pauvreté.	N. 7. Avantage.
—	—
R. 24. Désunion.	R. 24. Désunion.
E. Chasteté.	E. Chasteté.
LE HUIT. Chagrin.	Campagne.
N. 8. Fin.	N. 8. Richesse.
—	—
R. 23. La foi.	R. 23. La foi.
E. La sagesse.	E La sagesse.
LE SEPT. Caquet.	Naissance.
N. 9. Le présent.	N. 9. Bon.
—	—
R. 22. Temps.	R. 22. Temps.
E. Beaucoup.	E. Beaucoup.

LES COEURS.	RENVERSÉS.
LE ROI. Homme blond.	Homme châtain-blond.
N. 10. Remarquable.	N. 18. Tuteur.
—	—
R. 21. Abus.	R. 21. Abus.
E. Cloître.	E. Cloître.
LA DAME. Femme blonde.	Femme châtaine blonde.
N. 11. Inconstance.	N. 11. Belle-mère.
—	—
R. 20. Outrage.	R. 20. Outrage.
E. Plus.	E. Plus.
LE VALET. Garçon blond.	Garçon châtain-blond.
N. 12. Générosité.	N. 12. Enfant.
—	—
R. 19. Politique.	R. 19. Politique.
E. Superstition.	E. Superstition.
LE DIX. Ville.	Héritage.
N. 13. Envieux.	N. 13. Mariage forcé.
—	—
R. 18. Ivrognerie.	R. 18. Ivrognerie.
E. Sincérité.	E. Sincérité.
LE NEUF. Victoire.	Ennui.
N. 14. Curiosité.	N. 14. Empêchement.
—	—
R. 17. Irréligion.	R. 17. Irréligion.
E. Désespoir.	E. Désespoir.
LE HUIT. Fille blonde.	Fille châtaine-blonde.
N. 15. Succès.	N. 15. Sœur.
—	—
R. 16. Paix.	R. 16. Paix.
E. Dû.	E. Dû.

LES CŒURS.	RENVERSÉS.
LE SEPT. La pensée.	Désir.
N. 16. Cœur.	N. 16. Hypocrisie.
—	—
R. 15. Paix.	R. 15. Paix.
E. Dette.	E. Dette.

LES PIQUES.	RENVERSÉS.
LE ROI Homme de robe.	Homme veuf.
N. 17. Science.	N. 17. Faiblesse.
—	—
R. 14. Irréligion.	R. 14. Irréligion.
E. Innocent dans les fers.	E. Innocent dans les fers.
LA DAME. Femme veuve.	Femme du monde.
N. 18. Vice.	N. 18. Avarice.
—	—
R. 13. Ivrognerie.	R. 13. Ivrognerie.
E. Cocuage.	E. Cocuage.
LE VALET. Envoyé.	Espion.
N. 19. Compagnie.	N. 19. Subitement.
—	—
R. 12. Politique.	R. 12. Politique.
E. Mariage double.	E. Mariage double.
LE DIX. Pleurs.	Pertes.
N. 20. Jalousie.	N. 20. Le feu.
—	—
R. 11. Outrage.	R. 11. Outrage.
E. Inhumanité.	E. Inhumanité.

LES PIQUES.	RENVERSÉS
LE HUIT. Maladie. N. 21. Prudence. — R. 10. Abus. E. Célibat.	Religieuse. N. 21. Ambition. — R. 10. Abus. E. Célibat.
LE SEPT. Espérance. N. 22. Force. — R. 9. Temps. E. Procès.	Amitié. N. 22. Indécision. — R. 9. Temps. E. Procès.

LES TRÈFLES.	RENVERSÉS
LE ROI. Homme brun. N. 23. Moins. — R. 8. La foi. E. Inimitié.	Homme châtain-brun. N. 23. Époux. — R. 8. La foi. E. Inimitié.
LA DAME. Femme brune. N. 24. Commérage. — R. 7. Désunion. E. Injustice.	Femme châtaine-brune. N. 24. Époux. — R. 7. Désunion. E. Injustice.
LE VALET. Garçon brun. N. 25. Esprit. — R. 6. Repos. E. Flatterie.	Garçon châtain-brun. N. 25. Frère. — R. 6. Repos. E. Flatterie.

LES TRÈFLES.	RENVERSÉS.
As. Bourse d'argent.	Noblesse.
N. 26. Orphelin.	N. 26. Rancune.
—	—
R. 5. Mauvais.	R. 5. Mauvais.
E. Prison.	E. Prison.
Dix. Maison.	Amant.
N. 27. L'avenir.	N. 26. Passe-temps
—	—
R. 4. Généalogie.	R. 4. Généalogie.
E. Grandeur.	E. Grandeur.
Le Neuf. Effet.	Un présent.
N. 28. Indiscrétion.	N 28. Jeu.
—	—
R. 3. Vie extraordinaire.	R. 3. Vie extraordinaire.
E. Ingratitude.	E. Ingratitude.
Le Huit. Fille brune.	Fille châtaine-brune.
N. 29. Art.	N. 29. Éloignement.
—	—
R. 2. Voleur.	R. 2. Voleur.
E. Ignorance.	E. Ignorance.
Le Sept. Argent.	Embarras.
N. 30. Haine.	N. 30. La terre.
—	—
R. 1. Bâtard.	R. 1. Bâtard.
E. Imagination.	E. Imagination.

As de cœur. Présent. Mars.	Gain. Table extraordinaire.
—	—
E. Méfiance.	E. Méfiance

As de pique. Bagatelle. Vénus.	Jouissance. Grossesse.
—	—
	E. Abandon.

Neuf de pique. Maladie. Saturne.	Prêtre. Chagrin.
—	—
E. Humanité.	E. Humanité.

Lorsqu'il se rencontre plusieurs cartes de même valeur, comme 2, 3 ou 4 rois, dames ou valets, etc., Etteilla leur donne la signification suivante.

En regardant le côté qui se trouve à la main droite.

4 rois. Grands honneurs.
3 rois. Consultation.
2 rois. Petit conseil.

—

4 dames. Grand pourparler.
3 dames. Tromperie de femme.
2 dames. Amie.

—

4 valets. Maladie contagieuse.
3 valets. Dispute.

2 valets. Inquiétude.

—

4 as. Jeu de hasard.
3 as. Petite réussite.
2 as. Duperie.

—

4 dix. Repris de justice.
3 dix. Nouvel état.
2 dix. Changement.

—

4 neuf. Bon citoyen.
3 neuf. Grande réussite.
3 neuf. Petit argent.

—

4 huit. Revers.
3 huit. Mariage.
2 huit. Nouvelle connaissance.

—

4 sept. Intrigue.
3 sept. Infirmité.
2 sept. Petite nouvelle.

En regardant le côté qui se trouve à la main gauche.

4 rois. Célérité.
3 rois. Commerce.
2 rois. Projets.

—

4 dames. Mauvaise société.
3 dames. Gourmandise.
2 dames. société.

—

4 valets. Privation.
3 valets. Paresse.
2 valets. Ouvrier, ouvrage.

—

4 as. Déshonneur.
3 as. Libertinage.
2 as. Ennemi.

4 dix. Événement.
3 dix. Manque.
2 dix. Attente.

—

4 neuf. Usure.
3 neuf. Imprudence.
2 neuf. Profit.

—

4 huit. Erreur.
3 huit. Spectacle.
2 huit. Traverse.

—

4 sept. Mauvais citoyen.
3 sept. Joie.
2 sept. Fille publique.

NOUVELLE PYTHONISSE

Avant de pousser plus avant notre description de l'art de tirer les cartes, nous dirons quelques mots en passant sur la biographie de mademoiselle Lenormand, surnommée la Sibylle du dix-neuvième siècle, ainsi que sur son successeur madame Clément; les divers emprunts que nous faisons à ces dames, dans le cours de ce volume, leur ont acquis le juste tribut de notre reconnaissance.

Marie-Anne Lenormand, morte le 25 juin 1843, était née en 1772, à Alençon, département de l'Orne. Elle avait reçu une éducation solide à l'abbaye royale des dames bénédictines de cette ville. Elle avait sept ans à peine quand elle commença à se faire connaître comme devineresse. Elle prédit que l'abbesse, qui avait été suspendue de ses fonctions, serait remplacée par une certaine dame de Picardie. Dix-huit mois après la prophétie se réalisait. Venue à Paris en 1790, mademoiselle Lenormand annonça la chute de Louis XVI et la révolution. Elle était alors lectrice de M. Damerval de la Saussotte; mais les succès qu'elle obtint comme devineresse, la déterminèrent à ouvrir un bureau de cartomancie dans la rue de Tournon, n° 5, au faubourg Saint-Germain. Elle fut incarcérée sous la Terreur pour avoir prédit à Robespierre, Marat et Saint-Just, la catastrophe qui les menaçait. La réaction thermidorienne sauva mademoiselle Lenormand. Elle avait, dit-on, prévu ce dénoûment; elle reprit avec un éclatant succès ses séances prophétiques, et pendant le

Consulat et l'Empire, fut en rapport avec les personnages les plus célèbres de l'époque : Fouché, Barras, le peintre David, le savant Denon, le général Moreau, le chanteur Garat, Talma, le prince de Talleyrand. Napoléon lui-même daigna la consulter; mais, sans doute peu satisfait de ses révélations, il la fit arrêter à deux reprises différentes, sous prétexte qu'elle se mêlait de politique.

La Restauration fut accueillie avec enthousiasme par mademoiselle Lenormand, fidèle toute sa vie aux principes dont ses dévotes institutrices avaient imbu son enfance. La clientèle de la devineresse s'accrut de tous les nobles émigrés ramenés à la suite des Bourbons, et ne fit que grossir jusqu'au jour qui nous a ravi l'héritière des sibylles d'autrefois.

Mademoiselle Lenormand avait pris un brevet de libraire, mais elle ne débitait que ses propres ouvrages, qui sont en assez grand nombre et dont les principaux sont : Les Mémoires Historiques et Secrets de l'Impératrice Joséphine, les Souvenirs Prophétiques, les Oracles Sibyllins, la Sibylle au tombeau de Louis XVI, la Sibylle au Congrès d'Aix-la-Chapelle, suivi d'un coup-d'œil sur celui de Carlsruhe, les Souvenirs de la Belgique ou le Procès Mémorable, l'Ange protecteur de la France au tombeau de Louis XVIII, l'Ombre de Catherine II au tombeau d'Alexandre Ier, etc.

Après avoir occupé si longtemps l'attention publique jusqu'à ses derniers jours, mademoiselle Lenormand a tenu encore les regards de tous fixés sur son tombeau. D'où vient cette vogue étrange? C'est que la devineresse avait été l'amie de l'Impératrice Joséphine; elle avait ses entrées à la Malmaison. Etudiant, d'après les règles de la Chiromancie, la main de la femme de Napoléon (Voir cet article et la planche un peu plus loin), elle y avait trouvé des éminences consacrées aux planètes, des étoiles et le point 99, indices de prospérité ; alors l'Impératrice, enthousiasmée de tant de merveilles, avait mis la pythonisse en relief. Aussi son nom sera-t-il un durable patronage pour celui de mademoiselle Lenormand.

Nous avons dit que la Sibylle demeurait rue de Tournon ; le cabinet de ses consultations était situé au rez-de-chaussée au fond de la cour, au-dessus de la porte était cette simple inscription : *Mademoiselle Lenormand, libraire.* Dès qu'un visiteur était introduit dans le boudoir cabalistique, mademoiselle Lenormand lui tenait d'ordinaire ce langage :

— Que voulez-vous ?

— Madame, je viens vous consulter.

— Bien ; asseyez-vous. Quel jeu voulez-vous ? j'en ai à six, à dix, à vingt et jusqu'à quatre cents francs.

— Je prendrai l'article dans les prix d'un louis.

— Bien : venez près de cette table et donnez-moi votre main.

— La voilà.

— Pas celle-là ; donnez-moi la gauche. Quel âge avez-vous ? Quelle est la fleur que vous préférez ? Quel est l'animal pour lequel vous avez le plus de répugnance ?

Toutes ces questions étaient faites d'une voix monotone et nasillarde ; à chaque réponse la Sibylle répétait : Très-bien ! en battant les cartes qu'elle vous présentait en disant : Coupez de la main gauche.

Puis elle retournait les cartes une à une et elle les étalait sur la table tout en vous débitant votre horoscope avec une volubilité que l'on avait de la peine à suivre. On aurait dit qu'elle lisait dans un livre ou bien qu'elle répétait une leçon apprise. Dans ce flot de paroles qui semblaient d'abord vides de sens, on était tout à coup frappé d'un trait lumineux. La Sibylle excellait surtout à peindre le caractère, les penchants et les goûts de la personne qui posait devant ses cartes, et ce n'était pas votre physionomie qui la guidait dans ses observations, car elle vous regardait à peine; toute sa science, toute sa pénétration résidaient dans les diverses combinaisons de ses jeux de cartes, qui la trompaient rarement. Elle ne manquait jamais de vous dire des choses fort justes sur votre passé, et la plupart de ceux qui, comme moi, l'ont consultée, déclarent que ses prophéties se sont presque toujours réalisées.

De plus, ceux qui s'adressaient à elle trouvaient d'excellents conseils dans sa conversation prophétique. Enfin, le 25 juin 1843 semblait devoir clore les 40 ans de renommée de la maison nº 5, rue de Tournon; mademoiselle Lenormand était morte, l'art d'interroger l'avenir était mort avec elle. comme si le destin n'eût pas toujours à ses ordres de nouveaux interprètes. En effet, dans le même local rien n'a changé de face, ce n'est qu'une grande réputation éclipsée, sur laquelle est venue se greffer une nouvelle tige. Dans le cabinet où mademoiselle Lenormand rendait ses oracles, madame Clément, que l'on dit son élève, professe avec un véritable talent l'art de sa devancière, et s'il existe une différence sensible sous tous les rapports entre ces deux dames, ce ne doit être que celle de l'homonyme.

Madame Clément, à part son talent de devineresse, débuta dans le monde littéraire par une intéressante publication cabalistique, sous le titre assez étrange du *Corbeau Sanglant*, ouvrage d'un grave et sérieux intérêt et que nous recommandons à nos lecteurs. Cette moderne Sibylle y donne des instructions logiques, simples et savamment démontrées du *livre de Thot*. Nous demandons pardon à cette dame de la liberté que nous prenons ici, d'extraire quelques pages de son œuvre; puisse notre rôle de *glaneur* dans les sciences occultes inconnues au vulgaire, nous mériter l'excuse de la nouvelle pythonisse, indulgence sur laquelle nous osons compter, car, comme elle le dit elle-même, n'ayant voulu présenter au public rien de compliqué, c'est dans ce que la science comportait de clair et de précis, qu'elle fit son choix, en sorte que les personnes qui consulteront son œuvre, en y prêtant attention, puissent apercevoir qu'elles lui sont redevables du *fil d'Ariane* qu'elle leur met en main pour les guider dans le labyrinthe de la science dont elle possède, selon nous, la connaissance approfondie.

—

MÉTHODE DE MADAME CLÉMENT

POUR L'INTERPRÉTATION DU JEU ÉGYPTIEN OU LIVRE DE THOT

Je commence, dit la devineresse (page 14 de son livre), par les 10 signes cabalistiques qui, par leur rapport avec les différentes cartes, parcourent les 12 degrés que je nomme *les 12 maisons du zodiaque.*

Comme cette combinaison est la partie la plus essentielle du jeu, puisqu'elle s'applique aux grands événements de la vie, ici madame Clément donne, des douze degrès qu'elle nomme maisons du zodiaque, une longue et savante explication que nous regrettons de ne pouvoir reproduire ici; nous nous contentons, en indiquant ces pages, de renvoyer le lecteur au livre de la nouvelle sibylle de la rue de Tournon.

Passons ensuite à la signification de chaque

carte, et la valeur, d'après Thot, démontrée par madame Clément.

Pour opérer, dit-elle, on mêle les cartes, on étale le jeu et on en tire 13 (de la main gauche) que l'on place devant soi de droite à gauche, on lit sur les cartes et on donne l'explication du jeu en général. Ensuite on croise les cartes pour l'explication de détail; après ces 13 cartes on bat tout le jeu, l'on en tire 19 en procédant de la même manière. On bat derechef les cartes, et l'on finit par en prendre 21 en opérant toujours ainsi que je l'indique.

Voici l'explication des cartes une à une, sans la rencontre d'aucun des dix signes cabalistiques dont madame Clément fait emploi pour composer un ensemble, avec les premiers numéros des cartes qu'on appelle les 12 maisons du zodiaque.

1. Représente,	Le consultant.
2. Le soleil,	Éclaircissement.
3. La lune,	Coup de langue.
4. L'étoile,	Dépouillement.
5. Le monde,	Voyage.
6. L'impératrice,	Ce qui nous a nui devient ou deviendra utile.
7. L'empereur,	Appui.
8. Junon,	Représente la consultante.
9. La justice,	Équité.
10. La tempérance,	Il faut se tempérer.
11. La force,	Richesses, dignités.
12. La prudence,	Travail, persévérance et prudence.

3. Le mariage,	Mariage assuré, cependant modification pour les autres cartes.
14. Le diable,	Force majeure.
15. Le bateleur,	Maladie.
16. Le jugement,	On rendra justice.
17. La mort,	Mort, espérance trompée.
18. L'ermite.	Hypocrisie.
19. Prison,	Misère et prison.
20. La fortune,	Succès, augmentation de biens.
21. Le chariot,	Dispute ou dissension.
22. Le roi de bâton,	Il représente un homme.
23. La dame.	Elle dénote une femme.
24. Le chevalier,	Départ.
25. Le valet,	Bon étranger.
26. Le 10 de bâton,	Trahison.
27. Le 9 id.	Retard.
28. Le 8 de soucoupe.	Partie de campagne.
29. Le 7 id.	Caquet.
30. Le 6 de bâton,	Domestique.
31. Le 5 id.	Or.
32. Le 4 id.	Société.
33. Le 3 id.	Entreprise.
34. Le 2 id.	Chagrin.
35. Le 1 id.	Naissance.

Des Coupes

36. Roi des coupes,	Homme blond.
37 La dame,	Femme blonde.
38. Le chevalier,	Arrivée.
39. Le valet,	Garçon blond.
40. Le 10 de coupe,	La ville où l'on est.
41. 9 id.	Victoire,
42. 8 id.	Fille blonde.

43.	7 de coupe.	La pensée.
44.	6 id.	Le passé.
45.	5 id.	Héritage.
46.	4 id.	Ennui.
47.	3 id.	Réussite.
48.	2 id.	Amour.
49.	1 id.	Table.

Les Épées

50. Le roi d'épée.	Homme de robe.
51 La dame,	Veuvage.
52. Le chevalier,	Militaire, homme d'épée,
53. Le valet,	Un espion.
54. Le 10 d'épée,	Pleurs.
55. 9 id.	Ecclésiastique.
56. 8 id.	Maladie.
57. 7 id.	Espérance.
58. 6 id.	Envoyé commissionnaire.
59. 5 id.	Perte.
60. 4 id.	Sollicitude.
61. 3 id.	Religieuse.
62. 2 id.	Amitié.
63. 1 id.	Fol amour.

Les Deniers

64. Le roi de denier,	Homme brun.
65. La dame,	Femme brune.
66. Le chevalier.	Homme utile.
67. Le valet,	Garçon brun.
68. Le 10 de denier,	La maison.
69. 9 id.	Effet.
70. 8 id.	Fille brune.
71. 7 id.	Argent.
72. 6 id.	Le présent.
73. 5 id.	Amant ou maîtresse

74.	4 de denier.		C'est un don ou présent.
75.	3	id.	Noblesse.
76.	2	id.	Embarras.
77.	1	id.	Parfait contentement.
78.	0	id.	Folie.

MANIÈRE SIMPLE ET FACILE DE TIRER LES CARTES AVEC UN JEU DE PIQUET, D'APRÈS ETTEILLA.

L'on prend un jeu de piquet, auquel on ajoute une carte blanche qui représente le consultant ou la consultante. Lorsque cette carte blanche, qui porte toujours le numéro 1, ne vient pas dans le premier coup qui est toujours de 12, ou ce qui est le même, elle vient inverse, lorsque le travail est pour un homme, cela donne pour avis, que l'on manque dans sa conduite ou dans ses affaires.

Mais ce 1 venu inverse ou renversé, représente la femme qui intéresse le plus le consultant. Or, cette femme, venue dans le coup, cela annonce qu'elle est plus attentive à ce qui intéresse le consultant. Il y a une science des nombres dans l'art de lire les cartes, que n'ont pas encore saisie les tireurs de cartes, ce qui prouve leur ignorance complète, puisque tout se meut par les nombres; soyez à l'étude, prenez vos 33 cartes dans les mains, mêlez-les, et à mesure que vous les mêlez, ayez soin de les mettre à *tête bêche*, sans les regarder. Vos cartes mélangées en tous sens, faites couper ou coupez vous-même, si vous travaillez pour vous ou pour une personne absente.

Alors tirez 12 cartes à la file l'une de l'autre,

les plaçant devant vous et lisez leurs significations, de droite à gauche, comme vous avez dû les placer devant vous, en les levant de votre jeu une à une.

Mettez la treizième et la trente-troisième sous les douze. Ces deux cartes sont ce qui vous surprendra, comme ne l'attendant pas.

Pour vous instruire comme on doit lire les significations qui sont sur les cartes, il faut supposer que vous avez amené les 12 cartes ci-après, qu'il faut placer devant vous si vous avez le dessein d'apprendre. Et à ce sujet voici pour la dernière réflexion, un fragment tiré des ouvrages d'Etteilla.

Dans l'art qu'on appelle en général tirer les cartes, chaque ignorant et ignorante ont la permission de parler à leur tête, et il leur faut bien cette permission, puisqu'ils ne savent pas lire dans les cartes; mais dans ce cas, ne faudrait-il pas mieux appeler sa cuisinière, pour qu'elle nous dise ce que nous devons faire.

Enfin par la science, on peut espérer sur cent, 99 fois la vérité; et par l'ignorance, une seule fois la vérité sur cent mensonges.

Soit dit assez pour *hanter* les charlatans et les escrocs, qui, depuis notre révolution, se mettent tireurs de cartes, moyen de gagner quelques sous, qui n'appartenaient jadis qu'à nos vieilles gens, dont ils cherchent à arracher la chétive subsistance. Et puisqu'il est ainsi, mettons tout curieux à la portée de démasquer l'ignorance de ces hommes, encore assez jeunes et assez forts pour porter des crochets.

Posez sur la table ces douzes cartes, et supposez que tout leur nombre additionné ensemble donne 172, alors tout ce qui vous sera dit du passé, du présent et de l'avenir doit être renfermé dans le passé de 172 jours et dans l'avenir de 172 autres. Découverte due au seul et unique Etteilla.

Donc, il est, 1° essentiel de commencer par un coup de 12, parce que les nombres progressifs 1, 2, 3, etc., jusqu'à 12, étant additionnés, donnent 78, qui est le nombre de toutes sciences humaines; 2° afin que vous sachiez toujours le temps dans lequel sont déposés les oracles, car les nombres donnent le temps, et le temps renferme les oracles.

Vous parlerai-je, je vous le demande, en homme un peu plus instruit que ceux qui, excepté les vrais cartomanciens, se donnent pour lire dans les cartes? mais comme on ne peut se soumettre à la bonne foi ni à l'étude des charlatans, c'est à vous et à vos amis que je me confie pour leur faire honte, s'ils se présentent à vous pour vous tromper; ce que vous connaîtrez facilement, s'ils ne vous parlent pas suivant les vrais principes de la science dont je vous instruis; science qui n'est ni de moi, ni d'Etteilla, mais des Egyptiens.

As de pique, 22; 18, 23, 27, 16, 14, 1, 9, 5, 8, 29.

Les deux surprises, 30, 17.

Si vous placez ces cartes, vous entendrez facilement ce que je vais dire, et il s'en suivra que vous serez étonné de savoir lire dans les cartes aussi bien que moi dans une demi-heure de temps.

On commence toujours par voir si l'Etteilla, qui est le questionnant ou la questionnante, est venu; s'il est venu, on prononce l'oracle qui est sur la carte que commande Etteilla, et vous dites:

14 et 1, le questionnant dans le moment qu'il consulte, est désespéré de ce que 29, une fille brune, qui est, 8, à la campagne, lui écrit, 5, une lettre, 9, de propos sur 1, le questionnant, dont, 14, il a de l'ennui.

Cet ennui lui donne, 16, le désir d'aller dans, 27, la maison, 23, d'un homme brun, qu'il trouve avec, 18, une femme veuve, qui, 22, lui fait amitié, et as de pique lui parle de la grossesse de la fille brune.

Dans ce premier discours on doit déjà sentir le caractère du questionnant, et son histoire avec une fille grosse qui n'est pas satisfaite de lui, etc.

Lisons la ligne des nombres. L'art qu'il emploie pour être riche, le jette dans la solitude de toute autre chose, et cela dans le présent, où il consulte la cartomancie.

Il met des empêchements à l'hypocrisie de quelqu'un, mais l'hypocrisie de ce quelqu'un, dans l'avenir, rendra moindre sa vie, ce qui le jettera dans l'indécision.

A présent, il faut voir les ensembles : il n'y a qu'un roi, qu'une dame, point de valet, deux as dont un renversé, et pour qu'ils comptent, il faudrait qu'ils fussent tous deux droits, ou tous deux renversés.

Il n'y a qu'un dix, qu'un neuf, deux huit; nouvelles connaissance pour le consultant. Mais dans trois sept il y en a deux, le haut des cartes en haut, et comme on peut lire sur ces deux sept (et ainsi à tous les ensembles écrits sur les cartes), ces deux sept renversés signifient conduite; dites au consultant : Une nouvelle connaissance admire votre conduite.

Présentement, *relevez* vos cartes deux à deux, et voyez en même temps, s'il n'y a pas de *numéros de rencontre*. Pour ce, il faut que les deux nombres fassent 31, comme je vous le ferai entendre ci-après, ainsi que l'Etteilla à côté de toutes les autres cartes, et les ensembles des cartes.

Pour faire le *relevé*, soyez attentif à tout ce que je dis.

Zéros ou as de pique, et le numéro 29, du huit de trèfle, ne font pas 31 ; mais dites à votre consultant : J'ai vu que la fille brune était grosse;

je dis que c'est de vous, parce que vous êtes avant grossesse, et comme vous voyez, grossesse tombe sur la fille brune.

— Suivez toujours avec beaucoup d'attention; un peu d'étude, cela est vrai ; mais vaut-il mieux, comme les imbéciles et les fripons, parler de sa tête?

Cette grossesse, diriez-vous à votre consultant, vous porte à l'artifice, et cette fille brune est absorbée en elle-même.

En voyant une telle annonce au premier degré de la cartomancie, il faut avoir recours au second degré, et enfin au troisième degré, sans quoi l'opérateur est un lâche; et s'il ne connaît pas le second et le troisième degré de la cartomancie, c'est un homme très-dangereux dans la société. Et si je ne m'étends pas plus, c'est afin que l'ignorance ne s'attache pas plutôt au danger qu'à l'examen des vrais ou des faux cartomanciens, comme cela est arrivé en astrologie; les juges ne distinguent pas les vrais philosophes des ignorants qui voulaient les imiter.

Le premier degré est la lecture courante; le second degré est de tirer de justes conséquences du premier, et juger des causes pour entrer dans les effets; et le troisième degré est la consolation, l'avis et l'oracle.

Ainsi donc, comme a dit notre maître *Etteilla*, pour être un vrai cartomancien, il faut posséder l'art, la science et la sagesse de la cartomancie, et tel amateur qui opère pour les autres avant de savoir ces choses est un ignorant qui ne connaît pas le danger qu'il court. Et celui qui se donne publiquemment pour lire dans les cartes, sans être pénétré de ce que nous disons, est tous les jours à la veille de passer par les mains de la justice, quelque rusé qu'il soit, car il est bon de distinguer un bonne vieille tireuse de cartes, qui ne porte pas ses vues plus haut que

24 sous ou 3 francs, d'un fripon qui quitte son métier pour faire un coup de main..... Continuons de faire le *relevé* des cartes, comme si nous parlions pour un consultant.

8, 22, ne font pas 31. Votre amitié se porte sur les richesses; vous pensez aller, à la campagne, mais vous êtes indécis, sûrement, d'y aller pour être utile à cette fille brune.

5 et 18 ne comptent pas ou ne font pas 31. Une femme veuve vous a fait amitié, mais ses sentiments vous jetteront dans la solitude. Vous serez susceptible d'envoyer et de recevoir des lettres dans votre vie. Au second degré vous serez plus de robe que d'épée. Au troisième degré, ne vous faites pas dans le métier du barreau, si vous en êtes, un plastron de l'iniquité.

6 et 24. Un homme brun parle de vous dans le présent. Des caquets qui vous regardent seront moindres ou peu de chose. A troisième degré, soyez honnête, humain, bon, généreux. C'est le remède au repos.

1 et 27. Votre maison n'est pas encore solide; vous vivrez longtemps, car vous vous perpétuez dans l'avenir.

14, 16. Vous désirez empêcher quelque chose, vous causerez de l'ennui à *l'hypocrite* dont je vous ai parlé.

30 et 17. La surprise que vous aurez sera un homme de robe, qui vous apportera quelque argent.

Ce coup de 12 étant fait, vous faites tous ceux que vous voulez, car le principal est suivant cet ordre.

1º Voir la carte qui est à côté d'Etteilla;

2º Bien lire vos cartes;

3º Voir les ensembles;

4º Relever vos cartes deux à deux, et avant de les expliquer, expliquer les numéros de rencontre s'il s'en trouve. Voici l'instruction sur ces quatres objets :

1o Mettez ces deux cartes en cette sorte 22, 1, vous voyez à la quatrième ligne de la carte, 22, un E, qui veut dire *Etteilla* ; et après l'E il y a *procès.*

En général cela veut dire : Etteilla à côté du sept de pique, vous avez un procès, et cette explication serait la même à toutes les cartes, à l'exception que ce serait un autre oracle. 16, 1, dettes, etc.

2o Bien lire vos cartes : en vous arrêtant toutes les fois qu'un discours finit, les cartes qui suivent donnant souvent matière à une autre conversation.

3o Voir les ensembles : prenez les quatre rois, mettez-les devant vous, sur la table, dans le sens où on peut les bien voir, vous lirez sur votre droite, *grand honneur*.

Otez un des rois, il en restera trois, vous lirez *consultation*. Ainsi de tous les ensembles.

4o Relevez vos cartes. Je vous l'ai expliqué, et je me répéterai tout à l'heure, dans la manière d'expliquer les songes.

La cartomancie est une science simple et naturelle; elle a ses principes, et c'est en la possédant qu'on conçoit : 1o comment elle peut être utile aux hommes; 2o combien ceux qui parlent mal de cette science sont ignorants.

Hommes qui, par vos places, serez à même de juger ceux qui feront état de la cartomancie, voici la loi que vous devez vous imposer, et vous serez jugés justes, par la science divine et la science humaine.

Commencez par examiner l'homme hors de son état, et sévissez contre le crime, mais d'autant plus sévèrement, qu'il se dira professeur de cartomancie.

Si de fausses apparences du crime ont masqué l'innocence, ne suivant plus l'homme comme criminel, examinez si demain il peut le devenir, par l'état qu'il professe.

Or, imposez à un vrai cartomancien de se transporter à votre tribunal, pour examiner si celui qui se donne pour cartomancien l'est effectivement.

Si la cartomancie n'était pas une science, qu'elle ne fût que l'art méprisable de dire la *bonne aventure* avec des cartes, je ne m'établirais pas, dans cette partie, pour le conseiller des juges; enfin, je me suis cru obligé à cette note pour prévenir que la postéritéqui élèvera cette science, ne vous accuse pas, comme nous accusons nos ancêtres, au sujet des plus belles sciences et des plus belles découvertes.

Lorsqu'on n'a pas encore consulté les oracles pour une personne, il faut absolument faire le premier coup de 12, afin de reconaître l'esprit du bien ou du mal qui la domine.

Mais lorsqu'on a déjà travaillé pour une personne, si elle est pressée de savoir quelque chose, on peut faire simplement le coup des questions; mais il faut qu'elles soient *ouvertes.* Exemple, dans ce dialogue :

Dites-moi si je réussirai ?

— En quoi ?

— Dans une entreprise.

— De quelle nature est cette entreprise ?

— Je ne veux pas confier mon secret.

— Vous avez raison; mais sans dire votre secret, vous pouvez dire si votre entreprise est de commerce, voyage, de mariage, d'emprunt, où enfin si vous préméditez une action injuste.

— Mon entreprise consiste à engager une société à me fonder une maison de commerce, dont je serai le gérant, ou, si on veut, l'homme représentant, mais dont une société sera garante de tout.

Et dans cette maison, il sera libre à qui bon voudra, d'y faire valoir des fonds en garantie de leur somme à cinq pour cent, sauf l'excédant annuel du bénéfice général, à partager, s'il en est, suivant les mises de fonds.

— Vous avez un projet de banque ou de commerce pour appuyer cette maison ?

— Oui.

— Eh bien, votre moyen est votre secret, et c'est ce que vous ne devez point me dire.

Je prends les 33 cartes, je les mêle, les mettant à tête-bêche ; je fais couper et je tire les cinq premières cartes de dessus, à la file l'une de l'autre, afin de répondre, non de ma tête, mais ce que dira la cartomancie. Voici les cinq cartes : *Saturne* 9, 6, 24, 16 ; ne confiez pas votre pensée à une femme châtaine-blonde, elle vous trahirait, et cela donnerait naissance au néant de votre entreprise.

La question n'étant pas résolue, sans rabattre les cartes, j'en prends de file cinq autres, que voici, 2, 13, *Mars*, 22 ; elles disent : Ayez espérance ; beaucoup d'occupations apporteront des retards ; mais en cette ville, fixez votre attention sur un homme.

Cela ne définissant pas encore assez, je tire pour troisième et dernier tas les cartes qui suivent les dix déjà tirées. Les voici : 15, 26, 25, 1, 8. Le chagrin va s'emparer de vous ; volontiers absorbé, vous parlerez à un garçon brun, il vous donnera une forte somme d'argent, sûrement pour cette entreprise dont vous aurez la victoire. Ou ce qui est le même : un garçon brun, par une somme d'argent, vous mènera à la réussite. N. B. Si ces cinq cartes étaient venues les premières, je n'en eusse pas tiré d'autres comme, aussi dans les cinq premières j'eusse vu la non réussite.

FRAGMENT D'ETTEILLA

Si nous donnons ce morceau de préférence à d'autres qui paraissaient plus importants, c'est qu'il ne soumet tout lecteur qu'à la peine de lire.

Le jeu des permutations a été donné aux anciens, par leurs applications aux différents aspects des astres.

La permutation des nombres forme les différentes sommes, comme la permutation des lettres forme les différents mots, et la permutation de ceux-ci les discours.

Dans la cartomancie, c'est le jeu des permutations qui représente la copie des différents événements. Or, la *magie* des milliers d'événements présentés en peu de nombres, se trouve dans les permutations.

La magie qui se trouve dans la science de dire, avec des cartes, ce qu'on a fait et ce qu'on fera, n'est pas plus merveilleuse lorsque nous aurons des lumières sur la cartomancie, comme nous en avons acquis sur le jeu des permutations.

Puisque les permutations procurent la lecture dans tous les événements possibles, par la répétition des coups, on a nécessairement devant les yeux (les cartes sur sa table) le tableau des événements passés, présents et futurs de la vie; reste donc à deviner, non les événements, mais les temps passés, présents et à venir de l'arrivée des événements.

Deviner ! je vous ai dit que l'homme n'était pas devin; et pour vous amener à ce que vous n'avez pas encore de notions, suivez ce que je vais dire.

Lorsqu'on a devant soi le tableau de la vie,

et ce qui de la vie des autres a une relation directe à la nôtre, on y découvre l'art de la vie, et dans cet art, les éléments, les principes et la magie de notre vie.

En telle sorte qu'ayant ces trois objets réunis en un seul, il vous est comme impossible de vous fourvoyer dans la conduite de votre vie.

La *magie* qui se trouve dans ces trois cercles concentriques, n'est pas difficile à développer.

Lorsqu'un homme réfléchit sur sa conduite passée et actuelle, il voit bien où il a manqué ; dès lors il se préserve de manquer (c'est l'art); et enfin il pense, il cherche à prévoir juste comme il doit agir (ce sont les éléments).

On peut, sans la cartomancie, se faire un tableau de sa vie, pour diriger son avenir. Et enfin être guidé plus juste par de plus saines réflexions? Voici ma réponse.

Ce que vous dites est vrai, et sert aux hommes faute de mieux, mais de justes rapports joints à l'expérience que les hommes ont, nous apprendront tout à l'heure que ce mieux n'est mieux que parce que nous n'avons pas plus mal ou mieux. Saisissez bien ce que je vais dire.

On peut compter plusieurs sommes de mémoire; composer un sujet dans son esprit, distribuer en idée un vaste bâtiment, ranger vingt mille hommes sur une plate-forme ; mais s'ensuit-il que l'arithmétique, les belles-lettres, l'architecture et la tactique, sont des sciences inutiles.

Au contraire, ces sciences ne sont-elles pas la règle, les émulatrices et les correctrices de nos pensées, si elles n'en sont pas même presque toujours, dans les penseurs et les laborieux, les créatrices.

Il fallait donc une science directe propre à la conduite de la vie? Oui, et c'est en m'évertuant que je forcerai les hommes à la recevoir, et à ne point s'en passer ; et la postérité donnera encore cette découverte à notre siècle, et à un magicien, point académicien.

Mais autres choses ; que deviendront tous nos égislateurs religieux et moraux? Ces fabricateurs de religions humaines, n'étaient pas des dieux, puisqu'ils ont oublié d'imiter le divin créateur qui a mis en nous les principes, les éléments et la magie de nos vertus religieuses et morales.

Si le lecteur ne dit pas comme la mégère et ignorante politique, que toute religion tend à Dieu, que chez les Musulmans on doit croire à Mahomet; qu'il soit attentif, il verra comme en montant graduellement des plus petits arts mécaniques, passant par les arts de la nature, de là, aux sciences élevées et aux hautes sciences, on se trouve toucher la vraie sagesse qui ne connaît qu'un Dieu, qui nous a donné avec la prudence et toutes les vertus, des éléments pour les entendre et les pratiquer.

Dieu ne se fait-il pas connaître aux hommes par sa sagesse, sa sagesse par sa science, et sa science par les effets de la nature? Je vois, je regarde la nature, j'admire la science, et mon âme se confond dans la sagesse de Dieu. Et en ceci il n'y a rien de théologique ni de métaphysique, mais affaire de raison d'après l'indication des sens.

INTERPRÉTATION DES 32 CARTES

D'APRÈS LE CÉLÈBRE MOREAU

LES ROIS

Celui de carreau, — Militaire. — (Renversé), Homme de campagne,

Celui de cœur, — Homme d'affaires blond. — (Renversé), homme de tout cœur.
de pique, — Homme de robe. — (Renversé), homme méchant.
de trèfle, — Homme brun, fidélité. — (Renversé), maladies d'hommes.

LES DAMES

Celle de carreau, — Femme traîtresse. — (Renversée), femme de campagne.
de cœur. — Bonne femme blonde. — (Renversée), bonne femme.
de pique. — Femme veuve. — (Renversée), femme méchante.
de trèfle. — Femme d'amour. — (Renversee), indécision.

LES VALETS

Celui de carreau. — Traître. — (Renversé), domestique.
de cœur. — Jeune homme blond. — (Renversé), pensées de l'homme blond.
de pique. — Traître. — (Renversé), maladie.
de trèfle. — Homme fidèle. — (Renversé), indécision.

LES AS

Celui de carreau. — Grande nouvelle. — (Renversé), lettre, billet.
de cœur. — Maison de bon cœur. — (Renversé), maison de faux cœur.
de pique. — Procès, grossesse. — (Renversé), lettre, bagatelle.
de trèfle. — Argent. — (Renversé), amour.

LES DIX

Celui de carreau. — Campagne sûre. — (Renversé), retard.
de cœur. — Repas de tout cœur. — (Renversé), repas de faux cœur.
de pique. — Ennui. — (Renversé), pleurs.
de trèfle. — Fortune. — (Renversé), amours.

LES NEUFS

Celui de carreau. — Route, voyage. — (Renversé), retard.
de cœur. — Victoire ou présent. — (Renversé), grande victoire.
de pique. — Mort. — (Renversé), prison.
de trèfle. — Argent. — (Renversé), roue de fortune.

LES HUITS

Celui de carreau. — Démarche. — (Renversé), même signification.
de cœur. — Fille blonde. — (Renversé), grande joie.
de pique. — Chagrin violent. — (Renversé), inquiétude.
de trèfle. — Déclaration d'amour. — (Renversé), jalousie.

LES SEPTS

Celui de carreau. — Querelle. — (Renversé), caquets.
de cœur. — Enfant blond. — (Renversé), enfant.

Celui de pique. — Fille brune. — (Renversé), caquets.

de trèfle. — enfant brun. — (Renversé), bâtard.

OBSERVATION. — Lorsque le dix de carreau est à côté du sept de pique, cela signifie retard assuré; si cette carte est à côté du huit de cœur, c'est voyage sûr; si elle est à côté du huit de trèfle, c'est voyage d'amour.

Lorsque le neuf de carreau est à côté du sept de pique, c'est retard assuré; si cette carte est à côté du huit de cœur, c'est voyage sûr; s'il est à côté du huit de trèfle, c'est voyage d'amour.

Lorsque le huit de carreau est accompagné du huit de cœur, c'est grandes démarches; s'il est accompagné du huit de pique, c'est maladie; s'il est accompagné du huit de trèfle, c'est grand amour; s'il est à côté du huit de cœur, c'est démarche de tout cœur.

Lorsque le sept de carreau est à côté de sa dame, c'est grande querelle; s'il est à côté de celle de trèfle, c'est incertitude; s'il est à côté de la dame de cœur, c'est bonne nouvelle.

L'as de trèfle, précédé de son dix, signifie *grand argent*; si le huit de trèfle suit immédiatement après et se trouve accompagné d'un roi quel qu'il soit, ou d'une dame, cela veut dire *déclaration d'amour*.

Le neuf de carreau, as et dix de carreau, dénotent *grande nouvelle de campagne*; et si ces trois cartes sont accompagnées d'une figure quelconque, c'est un voyage sûr pour la personne représentée par la carte.

Le huit et le sept de carreau, accompagnés d'une dame ou d'une figure, c'est caquets de la part de la personne représentée par la carte.

Roi, dame, valet et as, n'importe de quelle couleur, pourvu que ces cartes soient toutes de même sorte, signifient mariage sûr; si la dame de pique se trouve avec ces dites cartes, ou le valet de carreau, cela signifie empêchement au mariage ou grande trahison; si, au contraire, le huit de cœur suit avec le huit de trèfle, grande réussite; si le huit de pique s'y trouve, cela dénote peine, chagrin et désagréments.

MANIÈRE

SIMPLE, NATURELLE ET FACILE

d'expliquer les songes avec les Cartes, d'après la méthode de Madame MOUGINET, *ou la Sibylle de la rue Mouffetard, n. 227, suivie de la signification de deux cartes de même valeur ou de valeur différente, qui se trouvent côte à côte dans l'ensemble du jeu.*

Lecteur, mettez-vous bien dans l'esprit qu'un songe a toujours des rapports avec la chose à venir, parce que le songe, quoique antécédent à ce qui arrivera, n'est pas donné pour cause, mais pour le signe intermédiaire entre la cause et l'effet.

C'est en général en perdant les sciences qu'on a été comme forcé de les dire chimériques; mais il est de vérité que Dieu a donné aux hommes tout ce qui leur était nécessaire; or, comme il est nécessaire à l'homme d'être prévenu, la science fait pour les hommes ce que fait l'instinct et les sens, surtout l'odorat, dans les animaux.

Un homme ayant la science des songes, innée

ou par étude, n'a pas besoin de la cartomancie; il écoute le songe, ainsi qu'a fait Joseph le patriarche et tous les anciens sages; et il interprète le songe par le rapport qui y est ou par la cartomancie. Si, dans l'interprétation d'un songe ou d'une vision, vous ne voyez aucun rapport de l'interprétention au songe ou à la vision, l'interprétation est d'un ignorant. En ce peu de mots, je vous dis de quoi faire un passable ouvrage.

Voyons un songe tout simple, vous prévenant que tout ce que contient ce petit volume n'est que par abréviation de la science de l'univers que renferme le *Livre de Thot*, ou *Livre de tout.* Mettez devant vous ces douze cartes à mesure que l'homme qui a songé va vous raconter son songe, faisant attention que la première carte sera mise devant vous sur votre droite, et ainsi en suivant sur une seule ligne un peu courbe jusqu'à la douzième carte.

J'ai rêvé ou songé 14; 1, être au désespoir de ce que 29, une fille brune, qui était 8, à la campagne, m'écrivait 5, une lettre 9, de propos qui 1, influait sur ma délicatesse.

Cela 15, me causa de l'ennui, et alors 16, j'ai désiré aller 27, dans la maison 25, d'un homme brun que je trouvai avec 18, une veuve qui 22, me fit amitié, et, as de pique, elle me parla d'une grossesse.

Pour interpréter ce songe, il n'est besoin que de relever vos cartes comme ci-devant, et, par conséquent, faire attention aux ensembles et aux numéros de rencontre; mais il n'en est pas, puisque vous devez voir que je me sers du premier coup, afin de moins vous peiner à l'étude. Dans ce songe je n'ai pas employé les secondes lignes; mais si dans ce songe il eût été question d'empêchement au lieu d'ennui, j'aurais employé le mot empêchement, et délaissé celui d'ennui. Voici l'interprétation que vous lirez comme moi, si vous relevez les cartes deux à deux, une de chaque bout.

Vous avez engrossé une fille brune; votre amitié est directe sur quelqu'un ou sur quelque chose qui est à la campagne; une femme vous écrit une lettre, c'est l'homme brun qui tient des propos sur vous et quelqu'un viendra dans votre maison vous en faire part, et vous désirez donner de l'ennui ou nuire à quelqu'un.

On demande que devient le songe? Je réponds qu'il s'évanouit pour faire place à l'interprétation qui est bien facile en elle-même; mais c'est aux sages interprètes de passer au second degré et au troisième de l'interprétation; et pour apprivoiser votre entendement à l'esprit de la lettre, voyez si dans le premier degré vous trouverez le second qui est à peu près tel.

Vous pensez plus directement à la campagne qu'à une fille brune qui est grosse de vous.

Une femme veuve vous écrit qu'un homme tient des propos sur votre maison, et vous tâcherez de nuire à cet homme au troisième degré. Par votre songe, vous êtes averti d'être utile à une fille qui est grosse de vous, et de voir un homme brun qui parle contre vous; s'il a tort, faites-le lui sentir avec aigreur; si vous avez tort, remédiez-y promptement, et quant à la lettre qu'une veuve vous écrira sur cet objet, ne la faites valoir au préjudice de personne. Vous voilà prévenu, faites bien, vous trouverez le bien, qui gît ici dans les bonnes actions et la paix.

Il termine par vous prévenir ici pour la dernière fois que, pour posséder les sept sciences des sages égyptiens, 1, celle des nombres, 2, celle des oracles, 3, celle hermétique, et enfin de la physionomie, des génies, des songes et des talismans, qu'il faut avoir recours au livre de Thot, qui est leur ouvrage.

L'ayant dans vos mains, quelle surprise de

voir que tous les philosophes herméticiens, depuis Abraham Juif, et Flamel, ont copié littéralement les hiéroglyphes qui sont sur les feuillets du livre de Thot, pour en faire les tableaux ou estampes de leur ouvrage ! Voyez *Mutus liber, le Triomphe hermétique, les Douze Clefs de Bazile*, et enfin voyez-les tous.

On court après un manuscrit ou un livre, une estampe sur la philosophie hermétique et sur toutes les sciences magiques, et on oublie le livre de Thot. Il est dans la vie des choses incroyables.

Quoi ! hommes qui cherchez à découvrir les sciences égyptiennes (ces diverses sciences que les jaloux philosophes chaldéens, grecs, arabes et de toutes les nations modernes, vous voilent le plus qu'il peuvent), vous ne voulez donc pas donner un jour d'étude aux originaux? Lorsqu'avec les anciens vous êtes instruits qu'il a été un livre de Thot ou tout ; lorsqu'avec les modernes il vous est prouvé que ce livre existe ; lorsqu'enfin un homme a passé sa vie entière à feuilleter, à étudier les antiquaires, pour remettre d'après les traces de l'antique, ce livre à sa pureté, vous ne voulez donc pas, dis-je, entendre votre propre raison, qui vous crie qu'au moment où le livre de Thot fut écrit en hiéroglyphes, il n'était pas question de voiler les sciences qui étaient communes à tous. Et qui était plus commun aux enfants de Cham que la pure religion envers un Dieu unique? Qui était plus commun que de prévoir les malheurs et indiquer la route du bonheur. Le déluge, ce cruel déluge, ne devait-il pas conduire naturellement à être prévoyant? Et enfin, la haute médecine ne devait-elle pas être familière à un peuple qui vivait dans les exhalaisons perpétuelles d'une terre entourée d'eau, épongée de l'eau du déluge et brûlée des ardeurs du soleil?

Et ce résultat de la connaissance de la médecine des animaux ne donnait-il pas la connaissance des végétaux et des minéraux.

Il faut savoir lire le livre de Thot, cela est vrai ; mais combien de choses à vous dire pour vous faire entendre que vous n'êtes pas d'accord avec vous-même.

Depuis le premier homme descendu de Dieu jusqu'au dernier homme qui retournera à Dieu, tous auront leur alphabet. Le principal pour celui qui sera entre le dernier et le premier homme sera celui (alphabet) qui passera par les sens.

Or, c'est le livre de Thot qui est l'esprit, l'entendement des sages égyptiens, l'alphabet est 7, et son mutiple est 11, mais après est 0 ; peine perdue, la nonchalance, l'ignorance, la basse jalousie, et, je le dirai, les voleurs, tous troubleront, renieront. Et toi ! homme, dis, feras-tu partie d'iceux ?

SIGNIFICATION DE DEUX CARTES CÔTE A CÔTE DANS L'ENSEMBLE DU JEU (1)

As * et dix de cœur veulent dire surprise dans la maison.

7 de cœur et de trèfle, — vous pensez à l'argent.

7 de cœur * et 10 de carreau, — vous aurez de l'or.

10 de trèfle et de pique **, — perte d'argent.

10 de pique et de trèfle **, — argent dans la soirée.

(1) Les cartes marquées d'une astérique sont les cartes renversées.

8 de carreau et as de trèfle *, — présent en or.

As de cœur * et valet de carreau, — on vous attend.

Valet de cœur et as de pique *, — inquiétude pour affaire politique.

As de pique et 7 de pique *, — procès.

Valet de pique et as de pique, — second mariage.

Dame de pique et 8 de cœur, — une dame blonde et veuve.

As de trèfle et 7 de cœur *, — beaucoup d'argent.

Valet de carreau * et as de pique, — vous l'attendez.

Dame de carreau * et le roi, — homme étranger.

As de pique * et dame de trèfle, — injustice.

Roi de cœur * et l'as, — salle de bal.

As de trèfle près du 10, — somme d'argent.

Roi de cœur * et l'as de cœur *, maison de prêt.

7 de carreau et la dame **, — querelle, dispute.

Dame de cœur * et roi de carreau, — Mariage empêché.

Roi et 9 de pique **, — accusation inique.

Roi et dame de cœur, — Vieillards respectables.

8 et as de trèfle, — Déclaration amoureuse.

Valet et dame de carreau, domestique femelle.

10 de carreau et 8 de cœur * — voyage inattendu.

Roi et as de cœur **. — bourse de commerce.

Roi et dame de trèfle, — époux.

7 de cœur et 10 de pique *, — perte d'un petit objet.

10 de pique et 7 de cœur *, — surprise, saisissement.

Dame de trèfle et 7 de carreau *, — discussion.

8 de carreau et 8 de trèfle, — campagne éloignée.

10 de pique et la carte no 1, — pleurs de jalousie.

8 de carreau et 8 de pique, — indisposition grave.

As de trèfle * et 10 de pique *, — jalousie d'amour.

8 de carreau et 7 de pique *, — partie de campagne indécise.

As de cœur et 10 de carreau, — coup.

Roi * et as de cœur, — jeux de hasard.

As de trèfle * et 10 de cœur, — surprise d'amour.

7 de pique et as de trèfle *, — présent d'amitié.

As de cœur et 7 de carreau *, — propos dans la maison.

8 de carreau et 7 de cœur * — démarche projetée.

10 de trèfle et de cœur, — surprise d'argent.

Signification partielle des 32 cartes

LES ROIS

De carreau : Amitié, mariage ; renversé, c'est qu'il y aura beaucoup de difficultés.

De cœur : homme comptable et porté à vous obliger ; renversé, le contraire.

De pique : homme de robe à qui l'on aura affaire ; renversé, perte de procès, dérangement d'affaires.

De trèfle : Personnage juste, équitable, qui nous protégera; renversé, mauvaise chance, réussite incertaine.

LES DAMES

De carreau : Femme blonde de la campagne qui s'entretient de médisance contre la personne qui consulte; renversée, convoitise, tort.

De cœur : Femme honnête toute dévouée et qui vous rendra service! renversée, empêchement de mariage suivant la consultante.

De pique : Femme chagrine, veuve, ou embarrassée dans ses affaires; renversée, grandes et mauvaises affaires; si c'est une fille qui consulte, elle est trahie par celui qu'elle aime.

De trèfle : femme brune en rivalité; à côté d'un homme, fidélité, préférence pour celui auprès duquel elle est; près d'une autre dame, elle s'intéresse à la personne qui consulte; renversée, désir, jalousie, infidélité.

LES VALETS

De carreau : Militaire, facteur ou postillon qui porte des nouvelles; renversé, nouvelles défavorables à la consultation.

De cœur : Militaire, qui doit paraître sous peu, ou bien un jeune homme qui est porté à rendre de grands services, auquel on sera lié. Le côté droit ou le gauche a la même signification.

De pique : Mauvais sujet, brun, de mauvaises mœurs; homme sans délicatesse, se jouant des choses les plus saintes; renversé, le même s'occupant à vaincre les obstacles qui s'opposent à ses projets.

De trèfle : Un amoureux, un jeune homme de famille, qui recherche une demoiselle; à côté d'une dame, dénote réussite ; à côté d'un homme, il annonce quelqu'un qui parlera pour lui ; suivi du valet de cœur, il y a un rival dangereux ; renversé, opposition des parents du jenne homme au mariage.

DES AS

De carreau : Lettres et nouvelles sous peu, à l'aide de la marque qui indique le haut de la carte ; renversé, tristes nouvelles.

De cœur : Joie, contentement ; accompagné de figures ; festins, libations ; renversé, le plaisir annoncé aura ses peines.

De pique : Avantages obtenus de vive force, conquête, succès en amour, passion violente ; renversé, même signification ; plus, résultat désastreux, où tout tourne au désavantage. S'il est suivi du dix et du neuf, il dénote une nouvelle de mort, grande tristesse, trahison d'intimes et même vol.

De trèfle : Lettre qui annonce de l'argent, fortune prochaine, héritage, succès ou affaires de finance ; renversé, joie dont quelques nuages tempéreront la vivacité ; suivi de l'as de carreau et du sept de trèfle, gain, profit, grande réussite dans ses affaires, rentrée d'argent, prospérité commerciale.

DES DIX

De carreau : signifie grande joie, changement de lieux et campagne.

De cœur : Joie, contentement ; s'il est avec plusieurs figures, il représente une personne qui prendra nos intérêts.

De pique : Suivi de l'as et du roi, c'est prison ; pour une fille ou femme, c'est trahison d'amis.

Du trèfle : signifie gain, prospérité, réussite

pour quelque chose que ce soit; mais s'il est suivi du neuf de pique, c'est manque; si on a un procès, c'est perte assurée.

DES NEUF

De carreau : Petit retard, mais qui ne dérange rien aux affaires de la consultante ou du consultant.

De cœur : signifie concorde et contentement pour les personnes pour qui on fait les cartes.

De pique : Retard et manque de quelques affaires; suivi du neuf de carreau ou de l'as de trèfle, il dénote que l'on recevra de l'argent, mais avec retardement.

DES HUIT

De carreau : signifie un jeune homme placé dans le commerce, qui fait des démarches pour la personne qui consulte.

De cœur : Pour la personne pour qui on fait les cartes; si elle est mariée, cela signifie que les enfants se porteront instinctivement à toutes bonnes actions; si elle est célibataire, ses affaires lui réussiront complétement.

De pique : signifie une personne qui vous apprendra une mauvaise nouvelle; s'il est suivi du sept de carreau, et qu'il soit à côté d'une figure quelconque, c'est pleurs, discorde pour la personne pour qui on les fait, perte d'emploi ou de réputation.

De trèfle: signifie des démarches pour de l'argent ou pour des affaires, grandes espérances, bonheur assuré.

DES SEPT

De carreau : signifie bonnes nouvelles, surtout près le neuf de trèfle et l'as de carreau; grande réussite aux jeux de hasard.

De cœur : Si c'est une fille pour qui l'on tire les cartes, cela lui annonce des filles quand elle sera mariée ; si c'est un garçon, il épousera une fille recommandable.

De pique : signifie querelle, tourment, pour la personne représentée par la carte suivante, à moins qu'il ne soit côte à côte avec quelques cœurs ; alors il annonce sûreté, indépendance et délivrance de peine.

De trèfle : annonce faiblesse d'amour, suivant la personne pour qui l'on fait les cartes ; mais suivie du 7 de carreau et du 9 de trèfle, il dénote abondance de biens et héritage de parents éloignés.

TOURS DE CARTES

Leur explication

Un grand nombre de saltimbanques, bateleurs de carrefours, etc., se disent tireurs de cartes, et, pour attirer l'attention de leurs auditeurs, font parade d'un prétendu art divinatoire dans un tripotage de cartes, qui leur attirent parfois des bravos, et un certain crédit dans l'opinion publique, c'est pour cela que nous trouvons presque urgent de dévoiler ici quelques-un sde leurs tours soi-disant surprenants.

LES QUATRE AS

Prenez un jeu de piquet de 32 cartes ; distribuez-les quatre as à une ou plusieurs personnes, en observant que ce sont bien les quatre as, en prenant adroitement dans votre main droite trois autres cartes; ensuite faites mettre vos quatre as dessus le jeu, et vous porterez les trois cartes adroitement sur les quatre as; ensuite vous tirerez les quatre cartes, les trois fausses et un as qui sortiront; vous ferez observer les quatre as par celle de dessous; vous mettrez la première dessous et laisserez tomber quelques cartes sur la deuxième au milieu, la troisième un peu plus haut, et enfin la quatrième, qui est l'as dessus, en la faisant voir avant de la poser sur le jeu; vous demandez si on veut les quatre as dessous; si l'on demande au milieu, faites couper le jeu, si on les demande dessous, le tour est fait de lui-même.

Coup de Piquet surprenant pour deviner toutes les cartes que l'on sort d'un jeu.

Vous arrangez vos cartes comme ci-dessous.

Roi de trèfle,	Roi de pique.
As de cœur,	As de carreau.
Dix de pique,	Dix de trèfle.
Neuf de trèfle,	Neuf de pique.
Huit de cœur,	Huit de carreau.
Sept de trèfle,	Sept de pique.
Valet de carreau,	Valet de cœur.
Roi de carreau,	Roi de cœur.
As de pique,	As de trèfle.
Dix de cœur,	Dix de carreau.
Dame de pique,	Dame de trèfle.
Neuf de cœur,	Neuf de carreau.
Huit de pique,	Huit de trèfle.
Sept de carreau,	Sept de cœur.
Valet de pique,	Valet de trèfle.

Ensuite de l'ordre ci-dessus des cartes, vous ferez semblant de les mêler vous-même en donnant à couper à toute la société; de là, vous faites prendre plusieurs cartes aux personnes qui en désireront, en réservant toujours la carte de dessous celle que vous avez fait tirer; parce qu'elle vous indique toutes les autres en regardant dans vos colonnes depuis cette carte jusqu'au nombre de celles que vous avez fait tirer; on peut le faire avec tout le jeu entier, à la suite l'une de l'autre.

LES CARTES RESSUSCITÉES

Faites faire une boîte de ferblanc de la grandeur d'une carte; qu'elle soit faite à double fond mouvant; vous coupez ou déchirez un petit morceau de la carte que vous réservez dans votre poche, et vous mettez dans votre boîte que le double fond cache; ensuite, faites prendre la pareille carte de celle dont vous avez le petit morceau, et qui est dans la petite boîte; faites-la déchirer par petits morceaux; donnez ensuite à tenir le morceau qui est dans votre poche à la personne qui a déchiré la carte, et vous faites mettre les autres morceaux dans la boîte, ou vous les faites brûler. Vous retournez votre boîte et faites voir la carte dont il manque le morceau tenu par la personne qui l'a sortie hors du jeu. L'expérience est curieuse.

LA CARTE CONSERVÉE

L'on fait tirer une carte, et la mêlant avec d'autres, en faisant prendre le jeu par une dame de la compagnie, on annonce que toutes les cartes vont tomber par terre à un coup que l'on donnera, excepté la carte choisie, qui restera dans la main de la dame. Il suffit pour faire ce tour de ne point perdre de vue la carte choisie, et de la faire venir, en mêlant, la dernière du jeu ; ensuite, on fait serrer le jeu bien fort entre le pouce et l'index, et l'on donne un coup sec, au moyen duquel toutes les cartes tombent, excepté la carte de dessous, qui est la carte choisie.

AUTRES TOURS

Après avoir fait prendre une carte, on la mêle; ensuite on jette le jeu sur la table, et la carte choisie, que l'on a soin de faire nommer tout haut, saute en l'air et se retourne d'elle-même sur le jeu.

Il faut, comme pour le tour précédent, ne point perdre de vue la carte choisie en mêlant, et la faire venir dessous. Quand on est assuré qu'elle y est, on la fait glisser un peu sur le jeu pour qu'elle le déborde, et l'on jette brusquement le jeu tout entier sur une table. La force du coup fait sauter la carte qui déborde, et chacun est émerveillé de la voir se retourner toute seule.

LA CARTE SYMPATHIQUE

On fait prendre une carte par la demoiselle de la société, la plus jeune et la plus jolie, et que l'on suppose avoir une inclination, on lui recommande de regarder la carte toute seule, et de la cacher dans son sein, du côté du cœur,

Lorsque cela est fait, on dit : « Personne ne peut voir la carte que mademoiselle cache à tous les regards : mais celui dont le cœur est en sympathie avec le sien, la devinera par inspiration : ainsi nous découvrirons quel est celui qu'elle aime le mieux. » Alors on invite tous les jeunes gens de la société à nommer tout haut la première carte dont le nom lui viendra à l'imagination; ils le font, et il se trouve, quand la jeune personne montre la carte choisie, que l'un d'eux a nommé précisément la même. Ce tour ne manque pas de produire un grand effet, surtout quand on croit qu'il existe réellement de la sympathie entre les deux personnes dont la pensée vient de se rencontrer. Pour faire ce tour, il est nécessaire de s'entendre avec le jeune homme qui doit deviner la carte. On convient d'avance avec lui que lorsqu'on fera la question ci-dessus, il nommera une carte convenue, comme par exemple le huit de trèfle. En présentant le jeu de cartes à la demoiselle on lui fait prendre ce qui s'appelle une carte forcée, et voici comme cela se fait : on ouvre rapidement le jeu devant ses yeux, et on a soin que la carte que l'on veut forcer soit bien en vue dans le milieu et qu'elle déborde les autres. Si la personne qui prend la carte agit sans attention, on la lui pousse légèrement dans la main ; si elle a l'air de vouloir choisir, on fait en sorte qu'elle ne voie que celle qu'on a intention de forcer.

Quoiqu'on ait peut-être de la peine à se le persuader, il est certain qu'à moins d'une mauvaise intention bien marquée de faire manquer le tour, la carte forcée réussit. S'il en était autrement, il faudrait alors faire un tour où il ne fût pas besoin de carte forcée, et recommencer ensuite la même tentative auprès d'une autre personne, mais il est bien rare qu'on ne réussisse pas à la première fois. Dans tous les cas, il est à propos de ne jamais annoncer d'avance les tours de carte qu'on va faire, afin de pouvoir les changer à volonté s'il est nécessaire.

LE CADRAN MAGIQUE

OU

MANIÈRE DE DEVINER L'HEURE A LAQUELLE UNE PERSONNE PROJETTE DE SE LEVER

L'on forme un cadran au moyen de quatorze cartes que l'on range en cercle sur une table de la manière suivante, savoir : l'as, le deux, le trois, etc., jusqu'au dix de carreau, pour marquer les heures depuis une jusqu'à dix, l'as et le dix de cœur pour marquer onze heures, et le dix et le deux de trèfle pour marquer midi ou minuit. L'on tourne ces cartes sens dessus dessous pour que la société ignore, s'il est possible, qu'elles forment une espèce de cadran; ensuite l'on dit à la personne à qui l'on fait ce tour : « Pensez intérieurement l'heure à laquelle vous voulez vous lever, et posez au hasard le doigt sur l'une des cartes de ce cercle. » Elle le fait. L'on ignore absolument l'heure à laquelle elle médite de se lever; mais l'on voit qu'elle a posé le doigt sur un nombre quelconque du cadran. Supposons que ce soit le nombre 4; ajoutez à ce nombre 12 ou un multiple de 12, comme 24, 36 48, etc., et dites-lui de compter intérieurement jusqu'au nombre que vous lui indiquez, soit 16, 28, 40, 52, etc., en donnant à la carte sur laquelle elle a mis le doigt, le nombre de l'heure qu'elle a choisie, et en prenant le cadran à rebours. Quand elle a fini le calcul que vous lui demandez, retournez vous-même la carte sur laquelle elle vient de s'arrêter, et vous lui ferez voir à la surprise générale que cette carte est un dix de carreau et marque précisément l'heure à laquelle elle a projeté de se lever.

Ce tour est expliqué par la manière de le faire; mais pour qu'il ne manque jamais, il faut bien s'assurer que la personne à laquelle vous donnerez le calcul à faire, le fait bien exactement, et pour cela, il faut bien le comprendre soi-même. D'abord, supposons que l'on pense se lever à cinq heures et qu'on mette le doigt sur le nombre 2, vous ajouterez à ce nombre 12, 24, 36, 48 ou 60, cela est indifférent. Ajoutons 12 seulement pour que le calcul soit plus facile, et disons que la personne qui a pensé l'heure comptera jusqu'à 14, en partant du nombre 2, sur lequel elle a mis le doigt, en suivant la marche contraire à l'ordre des cartes. Attendu qu'elle a projeté de se lever à cinq heures, il faudra qu'elle donne intérieurement ce nombre à la carte sur laquelle elle se trouve, et dire par conséquent 6 sur la carte qui suit celle-ci, et 7 sur celle qui suit celle-là, etc.. en sorte que, quand elle arrivera au nombre 14, elle se trouvera sur le 5 de carreau, qui lui indiquera l'heure qu'elle aura choisie. Il est nécessaire de vérifier cette théorie par la pratique, et d'essayer plusieurs fois ce tour avant de hasarder de le faire en société.

UNE CARTE PENSÉE

Lorsqu'une personne aura pensé une carte, l'on divise alors le jeu en trois tas, en mettant alternativement une carte sur chaque tas, et on lui demande dans quel tas est celle qu'elle avait choisie; sur sa réponse, on exécute de la manière suivante; l'on met pendant trois fois le tas, pour que cette carte se trouve irrésistiblement la première du tas ; si on mettait au contraire ce tas sous les deux autres, elle s'y trouverait la dernière. Cela est très-facile à vérifier par l'expérience ; il faut seulement avoir attention de faire observer les cartes à mesure qu'elles passent à la personne qui en a pensé une, afin qu'elle puisse dire dans quel tas se trouve.

—

POUR DEVINER DEUX CARTES PENSÉES

Il m'est arrivé plusieurs fois d'exécuter ce tour en société. Il produisit chaque fois une si grande surprise, que je l'expliquerai ici pour clore cette série de tours de cartes, qui, comme on le voit, n'ont de mystérieux que l'ignorance de leur exécution.

Prié un jour en société de deviner deux cartes pensées par deux différentes personnes, j'opérai ainsi : je pris vingt cartes que je jetai sur la table, et je m'éloignai un instant en priant un cavalier et une dame de les arranger de deux en deux, comme ils le jugeraient à propos. Quand cela fut fait, je leur dis de retenir chacun une carte dans l'un des dix tas qu'ils venaient de faire, et de mettre toutes les cartes sens dessus dessous pour que je ne puisse pas voir les figures ; ils le firent. Alors je m'approchai de la table et je ramassai les cartes dans ma main sans en changer l'ordre et sans les regarder. Je les rangeai ensuite de cinq en cinq, suivant un ordre mystérieux, et je m'éloignai de nouveau pour laisser au cavalier et à la dame la liberté de voir dans quelles rangées se trouvaient les deux cartes qu'ils avaient retenues. Lorsqu'ils me l'eurent dit, je vins à la table, et, sans hésiter, je retournai à leurs yeux les cartes dont il s'agissait. Voici par quel calcul j'avais opéré ce prodige. Lorsque j'avais eu dans la main les vingt cartes rangées de deux en deux, suivant l'ordre qui leur avait été donné, j'avais prononcé intérieurement ces quatre mots : *Misaï*, *remor*, *Tatlo*, *Vesul*. Ces mots, composés de cinq lettres chacun, servent à conserver l'ordre des cartes, en les distribuant de deux en deux, suivant l'ordre des lettres, ainsi qu'il suit :

I.	M	i	s	a	ï
	1,	2,	3,	4,	5,
II.	r	e	m	o	r
	6,	7,	8,	9,	10,
III.	T	a	t	l	o
	11,	12,	13,	14,	15,
IV.	V	e	s	u	l
	15,	17,	18,	19,	20,

J'avais mis le premier tas de deux cartes aux numéros 1 et 8, représentés par les deux M ; le second, aux numéros 2 et 5, représentés par les deux I ; le troisième, aux numéros 3 et 18, représentés par les deux S ; le quatrième, aux numéros 4 et 12, représentés par les deux A ; et ainsi de suite jusqu'au dixième tas, en suivant l'ordre des deux lettres, qui sont semblables.

Lorsque les personnes qui ont arrangé les cartes déclarent que les deux cartes qu'elles ont retenues sont, par exemple, dans le premier et le second rang, on reconnaît facilement que ce sont les numéros 1 et 8 ; ou les deux MM, car il n'y a dans ces rangées que ces deux lettres qui se ressemblent. Si les personnes déclarent qu'elles sont toutes deux :

Au premier rang ce seraient les deux II ;
Au deuxième, les deux RR ;

Au troisième, les deux TT;
Au quatrième, les deux VV;
Enfin, si les cartes étaient placées à des rangs différents, comme au premier et au troisième, ce seraient les deux AA; au second et au quatrième ce seraient les deux EE, etc., etc.

Pour bien concevoir ce tour, il faut l'exécuter une fois.

Nous croyons en avoir suffisamment dit pour prouver l'astuce de ces soi-disant devins qui prétendent deviner l'avenir, en donnant pour preuves ces divers tours d'adresse; passons maintenant aux différentes manières de tirer les cartes, soit par trois, sept, quinze, vingt et un, etc.

MANIÈRE DE TIRER LES CARTES PAR 15

Le tirage des cartes par 15, suivant la méthode française, étant le plus généralement employé, nous commençons par lui d'abord. Vous prenez un jeu de 32 cartes; après l'avoir bien battu, vous coupez si vous opérez pour vous, ou vous faites couper, toujours de la main gauche, la personne pour qui vous les faites; puis, faisant deux paquets de seize cartes chacun, vous choisissez ou faites choisir l'un de ces deux paquets; alors vous mettez de côté la carte de dessous, qui sera la surprise; vous étalez ensuite les 15 autres devant vous, de gauche à droite. En regardant d'abord si la personne représentant le consultant fait partie de ces quinze cartes, si par hasard elle ne s'y trouvait pas, il faudrait de nouveau rebattre les 32 cartes et recommencer l'opération jusqu'à ce que cette carte se trouve dans le paquet choisi.

Par exemple, supposons qu'en tirant les cartes, après les avoir battues et coupées, et que dans le tas que le consultant a choisi, il s'y trouve les 15 cartes suivantes:

L'as de cœur, le neuf de trèfle, le roi de cœur, le dix de carreau, le neuf de cœur, le huit de cœur, l'as de carreau, le valet de carreau, la dame de pique, l'as de trèfle, le neuf de carreau, le sept de carreau, le sept de cœur et le huit de trèfle, carte de réserve.

Voilà la solution des 15 cartes : l'as de cœur étant suivi du neuf de trèfle, du roi de cœur, du dix de carreau, du neuf de cœur, du huit de cœur et de l'as de carreau, ces sept cartes dénotent grand profit, grande réussite commerciale et solution d'affaires. Le valet de carreau, dame de pique, as de trèfle, neuf de carreau, sept de trèfle, sept de carreau, sept de cœur, et la carte de surprise étant le huit de trèfle, ces huit cartes, suivies des sept premières, annoncent surprise d'un militaire, campagne et grand bénéfice, pour telle personne que ce soit. Voilà la première solution. Alors vous rebattez vos 15 cartes, vous en faites trois tas, en mettant toujours une carte à part, après avoir fait couper les cartes par la personne; cela se fait par trois fois. L'on observera que pour la carte, l'on prend ou la première carte ou la dernière, que l'on joint à celle déjà mise de côté pour la surprise; puis vous demandez (toujours au consultant.) qu'il désigne un paquet pour lui, un pour la maison et un pour ce qu'il n'attend pas. Ces paquets étant désignés vous les retirez l'un après l'autre, vous en donnez successivement l'explication d'après la valeur individuelle et la valeur relative des cartes qui la composent, et vous terminez par le paquet de la surprise.

LES CARTES TIRÉES PAR 21

Les 32 cartes, une fois battues, vous rejetez les onze premières, puis vous étendez les 21 autres de gauche à droite, et si le consultant se trouve dans ces 21 cartes, on fait l'explication ; mais s'il ne s'y trouve pas, on recommence tel qu'il est indiqué dans les cartes tirées par 15. On opère de même, car la seule différence consiste en ce que les trois paquets, pour le consultant, pour sa maison ou pour ce qu'il n'attend pas, sont de six cartes, alors que le paquet appelé la surprise n'est que de trois.

—

LES CARTES TIRÉES PAR 3

Lorsque l'on a bien mêlé les cartes, on fait couper de la main gauche, et l'on retourne les cartes successivement et trois par trois. Chaque fois que dans trois cartes il s'en trouve deux de même couleur, l'on met de côté la plus forte des deux ; s'il arrive que les trois cartes soient de même couleur ou de même valeur, comme trois rois, trois dames, trois as, etc., on les met tous les trois de côté ; puis on rebat de nouveau les cartes qui restent, on fait couper, et, recommençant à tirer par trois, on continue jusqu'à ce qu'il se trouve 15 cartes de côté, et que le consultant s'y trouve inclus, car, s'il n'y était pas, il faudrait recommencer jusqu'à ce qu'il y vînt, alors on prend ces quinze cartes, ensuite l'on opère pour le reste comme nous l'avons enseigné par les cartes tirées par 15.

LES CARTES TIRÉES PAR 7

La méthode de tirer les cartes par sept, diffère peu de celle de les tirer par trois : une fois les cartes battues et coupées, vous rejetez les six premières, et mettant la septième de côté, vous continuez ainsi jusqu'à la fin du jeu, en recommençant trois fois : le produit est alors de douze cartes. Si le consultant n'est pas dans ces douze cartes, il faut recommencer l'opération. La manière d'expliquer les rencontres ou le rapprochement des cartes est toujours fait de même.

—

LES CARTES TIRÉES PAR 22

OU

FORMATION DE LA GRANDE ÉTOILE

En supposant que le consultant est un homme blond, on le représente par le roi de cœur ; alors prenant cette carte, on la pose sur la table, la face découverte. Cela étant fait, l'on bat les 31 cartes qui restent à la main, l'on fait couper le consultant, puis l'on rejette les dix premières cartes, et l'on place la onzième en travers sous les pieds du roi de cœur ; l'on fait couper de nouveau ; alors on met la carte de dessus à la tête du consultant (ou le roi de cœur) ; puis opérant toujours de même, l'on place successivement toutes les cartes dans l'ordre que représentent les chiffres du tableau ci-contre. Comme on le voit sur la planche sus-désignée, les 21 cartes qui environnent le roi de cœur, sont l'as de pique, l'as de trèfle, l'as de carreau, le huit de cœur, le valet de cœur, la dame de pique, la dame de trèfle, le huit de pique, le valet de carreau, le dix de carreau, le sept de cœur, le sept de trèfle, le dix de trèfle, le neuf de pique, le huit de carreau, le valet de pique, le roi de pique, le sept de pique, le dix de cœur et le sept de carreau; les cartes sorties successivement devront former l'ensemble suivant.

Pour expliquer ces cartes, vous commencerez par le plus long rayon, qui se trouve être le nº 16 ou huit de carreau, et où se lit le mot DEPART, que vous joignez avec le nº 14 ou le neuf de pique; en conséquence, vous reportant à l'interprétation particulière des cartes, vous en tirez l'interprétation et continuant de les expliquer deux par deux dans le tour du plus haut rayon. Vous passez ensuite à l'explication des cartes formant les rayons de seconde grandeur, en commençant par la gauche et avançant vers la droite; dix de carreau avec dame de pique et ainsi de suite.

Vous faites de même pour expliquer les quatre cartes formant les rayons du centre : as de carreau avec huit de cœur, as de pique avec as de trèfle.

Il reste une dernière carte à expliquer sur les pieds du roi de cœur; cette dernière tirée est le sept de carreau; on l'interprète suivant qu'il en est parlé plus haut au tableau de la signification individuelle des cartes.

—

MÉTHODE ITALIENNE

Quoique la méthode italienne soit la moins usitée de toutes, elle est pourtant indispensable au véritable cartomancien. Les personnes qui ne consultent les cartes que par distraction, peuvent se dispenser d'en faire usage, mais l'homme qui opère dans l'intérêt seul de la science, ne doit rien omettre de ce qui peut jeter dans son esprit une lumière nouvelle. Ce n'est pas que la méthode italienne diffère beaucoup de la méthode française; la différence qui existe entre elles consiste seule dans la manière d'obtenir les cartes que l'on doit expliquer. Voici le procédé de cette méthode.

Après que l'on a battu les cartes on les coupe, si l'on opère pour soi-même, ou on les fait couper par le consultant, si l'on opère pour autrui (toujours il faut couper de la main gauche).

Vous retournez ensuite les cartes trois par trois. Toutes les fois que parmi ces trois cartes il s'en trouve deux de même couleur, on met de côté la plus forte des deux ; si elles sont toutes trois de même couleur, on les met toutes de côté; si elles sont toutes trois de couleurs différentes, on n'en prend aucune. On bat de nouveau les cartes, à l'exception de celles mises de côté ; on fait couper et l'on recommence à tirer par trois, jusqu'à ce que l'on ait ainsi obtenu quinze cartes, dans lesquelles doit se trouver celle du consultant. Si par hasard elle ne s'y trouvait point, il faudrait recommencer le coup jusqu'à ce qu'il y soit. On étend ensuite ces quinze cartes de gauche à droite, la face découverte. Cela fait, on examine l'ensemble. Supposons donc que la consultante soit une femme blonde, représentée par la dame de cœur, et que les quinze cartes soient rangées ainsi :

As de carreau,	Sept de trèfle,
Huit de cœur,	Roi de cœur,
As de pique,	Neuf de pique,
Dame de trèfle,	Sept de cœur,
Huit de pique,	Huit de carreau,
Dame de cœur,	Dix de trèfle,
Valet de carreau,	Sept de pique.
Huit de carreau,	

Vous examinez d'abord l'ensemble, et remarquant qu'il s'y trouve deux as, vous donnez l'explication d'après l'interprétation relative que nous avons enseignée, page 57. Vous faites de même pour les deux dames, les deux dix, les trois huit et les trois sept. Cela étant terminé, vous comptez un sur la dame de cœur, que représente la consultante, deux sur le valet de carreau, trois sur le dix de carreau, quatre sur le sept de trèfle, cinq sur le roi de cœur. Vous vous arrêtez là, et vous expliquez la rencontre comme il est dit dans la méthode française. Vous recommencez en comptant un sur le roi de cœur, où vous vous êtes arrêté, et vous arrivez à cinq, qui est le dix de trèfle; puis, continuant ainsi de cinq en cinq, vous donnez l'explication sur la cinquième, jusqu'à ce que cette cinquième se trouve être le consultant.

Vous prenez ensuite les cartes deux par deux, une à droite et une à gauche, et vous en donnez l'explication comme dans la méthode française.

Battez les cartes; maintenant faites couper et faites-en cinq paquets, la figure en dessous, en posant successivement une carte pour le premier paquet, qui est pour le consultant, une carte pour le deuxième paquet, qui est pour la maison, une carte pour le troisième paquet, qui est pour ce que l'on attend, une carte pour le quatrième paquet, qui est pour ce que l'on n'attend pas, une carte pour le cinquième paquet, qui est la surprise. On continue ainsi jusqu'à la dernière carte, qui est mise de côté pour ce que l'on appelle la consolation. Il en résulte que le paquet de la surprise ne se compose que de deux cartes, tandis que les quatre autres en ont trois.

Vous relevez ensuite ces paquets l'un après l'autre, en commençant par le premier, et vous en donnez l'explication d'après l'interprétation relative enseignée page 57.

OBSERVATIONS GÉNÉRALES

Comme il ne serait pas possible de donner des solutions à chaque changement de cartes, il ne s'agit donc que de bien se renseigner sur la signification des 32 cartes dont il est parlé plus haut, en observant de même dans le cours de ce volume, la manière qui est dépeinte pour les tirer par sept, par quinze et par vingt et une, ou tout autrement, et l'on pourra par ce moyen être son oracle soi-même.

Lorsqu'il se trouve, en tirant les cartes, dans le jeu de la personne pour qui on les fait, les quatre as avec les quatre dix, c'est grand profit, grand gain pour la personne, soit de loterie, soit d'héritage; les quatre rois, grande réussite; les quatre dames signifient grand caquet contre la personne; les quatre valets signifient dispute d'hommes et bataille.

Il faut aussi observer en tirant les cartes par quinze ou vingt et une, que si la majeure partie se trouve en cartes blanches, c'est grande réussite pour la personne; s'il se trouvait les cinq basses cartes de pique, c'est que la personne apprendrait la mort de quelqu'un de ses parents ou de ses amis; s'il se trouvait les cinq basses cartes de trèfle, ce serait gain de procès ou tout autre; s'il se trouvait les cinq basses cartes de carreau et de cœur, ce serait de bonnes nouvelles de campagne et de personnes de tout cœur qui s'intéressent pour que la personne pour qui on opère soit homme de bien.

Si c'est une séparation de corps et de biens, il faut faire le coup de vingt et une cartes; si les quatre neuf s'y trouvent, c'est une séparation assurée; et si les quatre dames s'y trouvent, jamais ils ne se sépareront.

Si c'est une jalousie bien fondée, il se trouvera dans les quinze cartes sept carreaux, et si cette jalousie est mal fondée, il s'y trouvera cinq cœurs avec le sept de trèfle.

Si c'est une entreprise de tel genre qu'elle puisse être, il faut les quatre as et le neuf de cœur pour la réussite; si le neuf de pique se trouve devant la personne, elle ne réussira pas.

Si c'est pour quelque jeu de hasard, il faut dans le coup de 21, les huit trèfles, les quatre as et les quatre rois pour gagner.

Si l'on veut savoir si un enfant se portera au bien, et s'il conservera son patrimoine, les quatre as forment assurance de bien et une alliance proportionnée à ses sentiments; si c'est une demoiselle, il faut les quatre huit et le roi de cœur, qui nous présagent la paix, la concorde dans son ménage.

Pour savoir combien de retard les personnes auront pour leur mariage, soit par années, soit par mois, soit par semaines, si c'est par années, le roi de pique se trouvera avec la dame de cœur, l'as de pique et le huit de carreau. Chaque autre huit sera d'autant d'années de retard; chaque neuf sera autant de mois, chaque sept autant de semaines.

Pour savoir si un homme parviendra dans l'art militaire, les quatre rois doivent se trouver avec les quatre dix, et si par hasard les quatre as s'y trouvaient, alors il doit parvenir au plus haut grade, selon sa capacité.

Pour un changement de bien ou un changement de place, de tel état que soit la personne, maître, maîtresse ou domestique, si c'est un maître ou une maîtresse, il faut quatre valets, le dix et le huit de carreau, le dix de trèfle, pour la réussite de ses affaires; s'il s'y trouve le neuf de carreau, c'est un retard; si c'est un domestique, il faut le dix et le sept de carreau, le huit de pique et les quatre dames, pour la réussite de ses affaires.

MANIÈRE POUR VOIR UNE RÉUSSITE

Vous prenez le jeu entier, battez et faites couper; vous faites huit paquets en mettant chaque carte l'une dessus l'autre. Quand vos huit tas sont faits, vous relevez la première carte de chacun des tas, et quand vous trouvez deux cartes pareilles, vous les ôtez et relevez celle qui suit, et ainsi jusqu'à la fin: si toutes les cartes sortent, c'est réussite; autrement cela désigne contrariété.

FIN DE L'ART DE TIRER LES CARTES

TRAITÉ
DE PHYSIOGNOMONIE

OU

L'ART DE JUGER DES INCLINATIONS PAR L'INSPECTION DES TRAITS DE LA FIGURE

D'APRÈS

les renseignements extraits du livre précieux de JEAN INDAGINES, *célèbre chiromancien et physionomiste du* 13e *siècle.*

AUGMENTÉ

d'Observations sur la concordance des vices et des vertus de la race humaine avec les diverses parties du corps.

AVANT-PROPOS

Avant toutes choses, il est nécessaire et bienséant que celui qui veut juger des autres, ait une vraie connaissance de sa propre inclination et à quelles passions son âme est le plus adonnée, car il n'y a aucun homme qui ne soit plus enclin à une passion qu'à un autre. Les moyens d'y parvenir sûrement, sont : de considérer, 1o sa constitution naturelle, car les colériques sont sujets à l'impétuosité, les mélancoliques à la tristesse, les sanguins aux plaisirs, les phlegmatiques à la paresse et à l'ivrognerie.

2o Après avoir remarqué avec quelle société l'on prend le plus de plaisir, en elle on verra une image de soi-même, car un chacun affectionne son semblable.

DES AGES

A la suite de ce traité, nous parlerons des inclinations des peuples de l'Europe, en particulier. Les médecins affirment qu'il y a certaines causes universelles qui inclinent nos corps à diverses infirmités, de même il y a des causes générales qui mènent nos âmes à certaines passions. Premièrement, les jeunes sont presque toujours prodigues, arrogants, incontinents, volontaires prompts à exécuter leurs désirs, changeants, faciles à rassasier et à s'ennuyer même des plaisirs ; ils se courroucent aisément, ont peu de malice, croient avec légèreté, sont pleins d'espérance, suivent l'éclat et la vanité plutôt que l'utile, sont aisés à attendrir, leur gloire procède d'un défaut d'expérience, car ils se vanteront de leur force, beaucoup du corps et d'esprit, parce qu'ils n'ont point encore éprouvé jusqu'où ils peuvent bien atteindre, combien ils sont fragiles; c'est pourquoi ils ont une meilleure opinion d'eux-mêmes, qu'ils n'en devraient avoir.

Leur prodigalité est causée par la confiance qu'ils ont de leur force et l'habileté par laquelle ils voient qu'ils seront capables de gagner plus.

Leur incontinence, hardiesse et confiance, procède de la chaleur qui abonde en eux, et ceux desquels la complexion est plus chaude, sont fort inconstants, et rarement conséquents avec eux-mêmes; ce qui résulte en partie, suivant mon avis, de plusieurs altérations de leur corps, qui aisément changent leurs désirs et aussi en partie d'une mûre résolution ou d'un ferme jugement, parce que comme ordinairement ils varient d'opinion, aussi ordinairement ils altèrent leur détermination.

Les vieillards sont tout le contraire, car pour

avoir été trompés, ils n'assurent aucune chose, ne promettent rien, tiennent tout en doute, prennent tout au pire, et ne se représentent jamais que le mal; sont soupçonneux et défiants, effets de la crainte qui leur glace le cœur, et de l'expérience qu'ils ont de l'infidélité des hommes; ils sont plus avares, causeurs, se courroucent de peu de chose, toutefois faiblement; sont tristes, ce que je vois provenir de la froideur de leursang; sont fastidieux et jamais contents, car *ipsa senectus morbus est :* le vieil âge est une perpétuelle maladie; ils sont obstinés dans leurs opinions, parce que plusieurs d'entre eux condamnent les jeunes, faute d'expérience et pratique, s'imaginant que le savoir et la sagesse ne se trouvent que sous un bonnet de nuit; de là naît un esprit de mépris, par lequel ils abaissent les jeunes : et comme les voyageurs, pour la plupart, rapportent merveille de ce qu'ils ont vu ou entendu dans les pays étrangers, ainsi les vieillards récitent les choses qu'ils ont vues ou entendues des âges passés.

De ces deux extrêmes, vous pouvez aisément juger l'humeur de ceux qui sont en âge viril, lesquels sont éloignés de la confiance et présomption des jeunes, et de la crainte et défiance des vieillards, ainsi ils joignent l'utile avec l'honnête.

Avant que j'en vienne aux tempéraments, il ne sera pas hors de propos d'écrire quelques mots sur les mœurs des femmes.

—

MOEURS DES FEMMES

Naturellement les femmes sont plus enclines au pardon et à la pitié que les hommes, à cause de la délicatesse de leur complexion. Elles surpassent aussi les hommes en piété et dévotion, ce que j'estime résulter de la connaissance qu'elles ont de leur débilité, à résister aux labeurs, afflictions et injures qui leur sont offerts, ainsi elles ont occasion de recourir à Dieu, par la bonté duquel elles sont protégées. Elles ne sont pas autant portées à l'incontinence que les hommes, par le défaut de chaleur et aussi par une honte naturelle qui leur est propre. Toutefois, elles ont quatre passions qui les possèdent généralement, une gloire de beauté ou de quelque étincelle d'esprit; l'envie aussi qui est fille de l'orgueil, car elles sont très-jalouses de la beauté, bonté ou fortune de leurs égales; d'où vient une autre passion qui leur est trop naturelle et bien pernicieuse, car l'envie leur fait aiguiser leur langue pour tuer la bonne renommée de leurs voisines par le moyen de leurs détractions; la quatrième, qui est la plus connue de chacun est leur inconstance, selon l'ancien proverbe :

Quid levius pluma? flamen.
Quid flamine? ventus.
Quid vento? mulier.
Quid muliere? nihil.

Cette inconstance procède de la même source que celle des jeunes hommes, qui naît d'un manque de prudence et de jugement dans leur détermination; car les hommes sages ne se résolvent point promptement, mais avec une grande réflexion ; c'est pourquoi ils pèsent bien les circontances qui peuvent empêcher la réussite de leurs affaires.

Mais les femmes et les jeunes hommes, pour la plupart, résolvent sans maturité, et trouvent dans l'exécution quelque empêchement qui les met dans la nécessité de se rétracter; de là ressort le bavardage infini des femmes; car en une demi-heure cinq hommes seront las de discourir, et se trouveront stériles en matières, mais trois femmes ne cesseront jamais et ne manqueront point aussi de sujet.

Après avoir parlé des inclinations des vieillards et des jeunes gens des deux sexes, nous allons passer en revue les divers caractères et passions des mélancoliques, flegmatiques, colériques et sanguins.

—

DES MÉLANCOLIQUES

Les mélancoliques sont, pour la plupart, noirs, froids, secs, le cuir dur, avec peu de poil âpre et crépu, sont maigres de corps, mangent bien, ont les jointures des membres manifestes, sont lents, tardifs en leurs résolutions, songeurs, défiants, soupçonneux, ingénieux, et le plus souvent malicieux, de peu de paroles, lesquelles ils mettent en avant, à dessein, pour sonder ceux qui les approchent, secrets, dissimulés, opiniâtres, ennemis de causeries et privautés, retirés et aimant la solitude, peu accostables et communicatifs, n'affectionnant que peu de gens et encore froidement, haïssant aisément et avec peu de sujet, à cause de la défiance qui les accompagne toujours, sont avaricieux, craignant que la terre ne leur manque; ennemis de ceux qu'ils ont offensés, comme de ceux dont ils ont supporté quelques griefs; vindicatifs, irréconcilliables, en la clémence desquels il ne se faut pas trop fier; en un mot, ils sont très-vertueux ou très-vicieux, exagérant toujours dans leurs passions.

—

DES PITUITEUX

Les pituiteux sont naturellement humides, ont la chair blanche et molle, les jointures occultes, n'endurent pas le labeur, sont timides, dorment bien, sont souvent luxurieux, leurs yeux larmoyent, ils ont assez bon esprit pour apprendre, quand pourtant le flegme n'excède point, que s'il est plus abondant qu'il ne doit, alors ils sont d'une grosse capacité, le poil et les ongles leur croissent promptement, ils ont l'eau toujours à la bouche, que si elle est blanche et fluide elle est bonne ; si elle est visqueuse, mauvaise ; ont peu de soif, boivent rarement sinon à dîner et souper, leur urine est blanche, ont les yeux pesants, dorment fort bien, ont peu d'appétit, la digestion tardive, ont la face blanche et sans rougeur, leurs déjections sont coulantes ; pour leurs mœurs ils ont bien la pesanteur et la tardivité du mélancolique, mais ils n'en ont pas l'esprit ni la malice ; la froideur qui leur glace le cœur, lui donne une défiance plutôt de soi-même que d'autrui ; ils craignent d'entreprendre et de ne venir pas à réussite, et le plus souvent pour en ignorer les moyens, sont irrésolus en leurs conseils, timides en l'exécution, haïssant sans beaucoup d'aigreur, et aimant sans beaucoup d'ardeur.

HUMEUR COLÉRIQUE

Les colériques sont maigres, de couleur citron, ont de l'amertume dans la langue, de la dureté dans la gorge, une grande soif, peu de salive, la tête leur fait souvent mal, vomissent vert ou jaune avec une grande amertume, leurs déjections sont dures, quasi-brûlées, dorment peu, leur eau est claire quasi-ignée ; de leurs mœurs ils sont prompts en toutes actions, superbes, orgueilleux, désirant que tout fléchisse sous leurs commandements, sont ennemis de la moindre désobéissance, impatients en l'exécution de leurs entreprises, précipités dans leurs conseils, peu soucieux de prendre conseil d'autrui, si ce n'est pour trouver quelqu'un qui se joigne au leur, et prennent en main l'exécution de leurs volontés ; injurieux, offensant légèrement, mais prompts à s'apaiser, pourvu qu'on ne fasse contenance de se souvenir de l'offense qu'ils ont faite, autrement ils se rendent vindicatifs et haïssent perpétuellement ceux qu'ils ont offensés.

—

HUMEUR DE SANG

Les sanguins sont ordinairement fort robustes et courageux, ont du prurit ou démangeaisons sur le corps quand le sang abonde, il s'y fait des vessies dans la bouche, ont l'urine rouge ; quant aux mœurs, sont joyeux, aimant les passe-temps, ennemis de la tristesse et de la fâcherie, fuyant les affaires fâcheuses ou épineuses et les querelles, désireux de la paix, laissant volontiers la disposition de leur affaires aux autres, s'en rapportant à eux, aimant ceux qui les débarrassent sans donner sujet de plaintes, sont courtois et gracieux, difficilement se mettent à faire injure à quelqu'un, ou s'ils le font, c'est plutôt de paroles qu'autrement, oublient aussi volontiers celles qu'on leur fait, se plaisent à faire plaisir, et sont ordinairement libéraux.

—

DES PAROLES

Les paroles représentent plus exactement l'image de l'âme, qu'aucune des choses précédentes. Diogene s'étonnait des hommes qui ne veulent pas acheter des pots de terre sans les éprouver par le son, pour savoir s'ils sont entiers ou brisés; toutefois ils sont bien contents d'acheter des hommes par la vue, sans les avoir éprouvés par les paroles; d'où est venu ce proverbe tant usité par Socrate, et approuvé des anciens philosophes, *loquere, te videam*, parle, que je te voie; car les passions s'enflent tellement dans l'âme, qu'il faut qu'elles aient quelque vent, comme Eliha dit de lui-même : Voici, mon ventre est comme du vin nouveau qui étant privé de vent, rompt les vaisseaux neufs. Je me suis quelquefois informé de diverses personnes de ce qu'il leur semblait de l'inclination de certains hommes, et j'ai trouvé que presque tout ce qu'ils avaient observé en d'autres, ne procédait que de leur façon de parler. Vous pourrez aisément voir si les paroles des hommes tendent à leur louange : s'ils se vantent de leur valeur, de leur savoir, de leurs qualités naturelles ou de leurs biens acquis par labeur, que tels sont d'une orgueilleuse disposition ; s'ils font des discours lascifs et malhonnêtes, sans doute ce que la langue parle le cœur l'affectionne ; si aucun parle beaucoup de manger ou boire, des repas, des banquets, etc., désirant tantôt une viande, tantôt l'autre, tel pour la plupart s'adonne à la gourmandise ; s'ils tempêtent en paroles outrageuses, tels sont les colériques. Ainsi on peut aisément conjecturer un ambitieux, avaricieux, envieux, paresseux et autres; pour le paresseux, il vous entretiendra de discours frivoles, comme de la longueur des jours, l'horloge ne va pas bien à son avis : Que ferons-nous, dit-il ; il se trouble plus de penser à ce qu'il a affaire qu'un autre à travailler, il n'a aucune sensibilité qu'à faire ses excuses pour demeurer à rien faire, il ne trouve aucun labeur qu'il n'y ait du danger et point de profit, il aime mieux geler que de faire du feu, il lui coûte fort de quitter la cheminée de son voisin, lorsqu'il est contraint d'aller dans sa maison sans chandelle; il mange et prie à demi-endormi; il vous entretiendra de nouvelles, il sait si les Anglais feront la guerre, ainsi que toutes les dépenses qu'on a faites pour l'érection de certain monument, à combien reviennent les fortifications de Paris. Son discours est souvent rompu par la succession de grandes parenthèses, il parlera des gros poissons qu'on a pris à la ligne, ou de l'éléphant du roi de Siam, etc.; il discourt fort, mais n'effectue rien. Vous pouvez observer qu'un envieux méprise ordinairement les bonnes actions de ses égaux, s'enquiert fort de leurs défauts et de leur état, où il n'est pourtant point désireux d'entendre de leur bien sans y trouver beaucoup d'objections, et les blâmera secrètement; s'il est contraint de les louer, il donne une mauvaise interprétation à tout ce qu'il ne sait point. L'ambitieux aussi quelquefois détractera de même, quand il se trouve empêché ou frustré de ses grandes espérances, de dire que la place qu'il cherchait était trop basse, son rival indigne, ses adversaires injurieux, les juges corrompus, la cour infectée, il ne s'en soucie pas, il peut vivre à plaisir en sa maison; mais si son dessein réussit, son esprit est possédé d'un plus grand, il n'est jamais en repos tant qu'il a quelqu'un pour le contrecarrer; si un de ses amis vient le visiter, il n'est sorte de jactance orgueilleuse qu'il n'emploiera, toutes ses paroles et actions dans le cours de sa vie décèlent son caractère. Il y en a qui sont sages cependant dans leur ambition, avarice, jalousie, envie et paresse, ils se gardent bien de se manifester à un chacun. C'est pourquoi il faut les sonder un peu plus avant, pour voir si nous découvrirons leurs passions cachées, et ceci sera dans la manière ou dans la matière de leur parler.

DE LA MANIÈRE DE PARLER

Quelques-uns ont abondance de paroles, et sont condamnés, tant par profanes que saints écrits, d'impudence ou de folie, d'où Salomon a dit : *Totum spiritum suum profert stultus*, mais *sapiens differt et reservat in posteritum*, et plus bas, *vidisti hominem velocem ad loquendum, stultum magis speranda est quam illius correctio*; as-tu vu un homme prompt à parler ? folie est plutôt espérée que son amendement : c'est pourquoi les fous portent leurs cœurs dans leurs bouches, mais les sages leurs bouches dans leurs cœurs ; car les fous parlent, puis ils délibèrent ; mais les sages délibèrent avec raison, et puis parlent avec circonspection. Par ceci on peut colliger pourquoi les causeurs doivent être enregistrés au nombre des fous ; ils conçoivent plusieurs choses à la fois et les déclarent à l'instant ; or, sachez que quiconque divulguera ainsi ses conceptions, mettra dehors plus de lie que de bon vin, et comme la plus grande partie des hommes appréhende plus de folie que de sagesse, ainsi, celui qui déclarera tout ce qu'il sait répandra plus d'écume que de bonne liqueur, ainsi beaucoup de paroles promptes résultent d'une grande folie, laquelle passion, pour la plupart, règne dans les jeunes gens, les femmes et les vieillards. C'est pourquoi Théocrite dit qu'Anaximènes avait un torrent de paroles, mais une goutte de raison ; car si vous les écoutez sur quelques longs discours, vous les trouverez aussi vides de matière que prodigues de paroles, la cause de quoi j'estime être faute de jugement : quoi que ce soit qu'ils s'imaginent, concernant quelque matière, ils pensent telles conceptions, comme elles leur sont nouvelles, qu'elles le sont aux autres, tellement que vous pouvez voir que les feuilles de loquacité proviennent des racines de peu de capacité.

DE LA TACITURNITÉ

Certaines personnes parlent peu, cette taciturnité, bien qu'elle répugne à la modestie qui consiste au milieu de ces deux extrêmes, toutefois, les sages tiennent ces extrêmes le plus sûr, car plusieurs paroles offensent souvent, mais le silence rarement : c'est pourquoi les philosophes disent que celui qui veut apprendre à parler, doit apprendre à se taire : le silence peut aussi souvent provenir de la sottise, parce qu'un homme ne connaît pas comment il faut raisonner, ainsi qu'il se peut voir dans les personnes rustiques ou stupides, non capables de discourir en quelque société que ce soit, quelquefois par crainte. J'ai connu un excellent rhétoricien pour écrire, et fort mal habile au discours, car la présence de ses auditeurs l'intimidait extrêmement ; d'autres le feront par prudence et politesse, parce qu'en conversation, lorsque les hommes veulent cacher leur affection ou découvrir celle des autres, la prudence et la civilité requièrent une espèce de silence ; pour ce, l'homme du monde le plus sage, s'il parle longtemps et beaucoup sans aucune préméditation, cachera-t-il difficilement ses passions aux discrets auditeurs.

DU PARLER LENT

Il s'en trouve d'autres qui parlent si lentement, et avec tant de nonchalance, qu'une charrette de foin passerait bien entre deux paroles ; cette manière de parler est fort ennuyeuse à leurs auditeurs, et spécialement aux esprits prompts.

Ceci peut bien provenir de quelque défaut des instruments du parler, d'une difficulté de conception, ou bien d'une certaine opinion vaine, que les hommes ont de leur propre sagesse, laquelle ils veulent distiller goutte par goutte, ainsi que l'eau sort de l'alambic : car ils croient que s'ils déclamaient leurs paroles plus promptement, ils perdraient quelque chose de leur prudence; et vraiment, entre personnes de peu de capacité, et qui ont de la difficulté à comprendre, il serait urgent qu'ils fussent moins longs, car bien souvent avant qu'ils aient fini leurs discours on perd le commencement; mais entre personnes d'esprit, c'est mépriser leur entendement, et il ne peut être autrement qu'il ne soit bien incommode, comme si un homme avait extrêmement soif, et qu'on lui donnât à boire par gouttes, cette façon de l'obliger ne pourrait certainement que le fâcher, quoique le breuvage fût excellent. Ainsi un homme d'un esprit prompt et d'excellente capacité, désire d'être satisfait à l'heure même; c'est pourquoi ceux qui sont lents en leurs discours, sont grandement contraires à son inclination. Pour tout cela, il me faut confesser qu'en quelques majestueuses et graves personnes, la prudence et la sagesse desquelles est beaucoup admirée, cette façon leur convient très-bien, car peu de mots bien dits et à loisir, sont signe de sagesse et d'une grande gravité.

DE LA TÉMÉRITÉ ET DE LA PRÉCIPITATION DANS LES DISCOURS

Nous pouvons fort bien comparer ceux-ci au vin nouveau, lequel, si on ne lui laisse vent, rompra le tonneau ; ils portent les paroles en leur bouche, comme un chien porte un trait dans le corps, car il se trouble et tourmente jusqu'à ce qu'il l'ait mis dehors : de même les téméraires ont mis un dard au travers de leurs langues et ne se reposent jamais qu'ils ne l'aient fait sortir; tels ordinairement sont fiers de leurs propres conceptions, et il est urgent d'en être délivrés, ou bien il faut qu'ils meurent dans ce travail; il s'en trouve de tels excellents esprits, mais non point fermes en jugement; ils excellent en appréhensions, mais manquent de discrétion; s'ils se pouvaient un peu arrêter et modérer cette promptitude naturelle, ils deviendraient des hommes très-rares; mais pour la plus grande partie, les hommes de cette constitution suivent ordinairement leur naturelle inclination et avec beaucoup de bonnes choses, ils en déclarent bien souvent de mauvaises et très-pernicieuses; parce que, comme ils appréhendent en chaque matière et passent au delà le commun des esprits; ainsi, sans aucune discrétion, cause ou raison, à bien ou mal, à droite ou à gauche, dangereux ou non dangereux, ils déclarent ce qu'ils ont conçu sans jugement. C'est pourquoi de tels hommes peuvent bien être appelés subtils, mais non pas sages; ils méprisent aussi aisément les autres; sont chauds et prompts en ce qu'ils appréhendent, et se rendent obstinés en leurs propres opinions. Cet effet procède d'un manque de jugement et d'une hardie, chaude et précipitée affection; enfin, ils changent souvent leurs propos, et altèrent leurs déterminations.

—

DE L'AFFECTATION EN PAROLES

Quelques-uns ont une façon particulière de parler, ils discourent comme s'ils voulaient inprimer, chassent ensuite les métaphores, les nouvelles phrases, et s'efforcent grandement à ce que leurs paroles sentent de la subtibilité, et cette sorte de discoureurs ne laissent, pour la plupart, rien derrière; mais envoient dehors leur sorte affectée et glorieuse façon de parler. Ceux-ci se peuvent bien comparer à certains oiseaux qui chantent bien, toutefois ils ne portent point de chair sur leur dos; ils sont semblables à ces vieilles courtisanes qui cachent leur noire, maladive et décharnée charpente dessous un riche appareil. A peine entre mille en trouverez-vous un qui eût un jugement profond dans ses conceptions; ces hommes passent leur temps et leurs études à se faire néologues, et ce qu'ils ont appris avec peine, ils le déclament avec une extrême difficulté; ils commettent plusieurs erreurs, et hésitent souvent, s'ils continuent longtemps en discours; pour la plupart, leur épilogue ne s'accorde point avec leur exorde; s'ils écrivent quelque chose pour être présenté à la vue du monde, vous trouverez toujours quelque nouveau mot forgé par leur imagination; cela leur vient aussi bien qu'une plume de coq au chapeau d'arlequin. Cette affectation naît d'une gloire très-manifeste, laquelle presque nulle de leur conversation ne se déniera; car si vous demandez à quelqu'un de leur connaissance quelle opinion ils ont d'un tel homme, ils ne vous rendront point d'autre réponse, sinon que leurs paroles sentent un peu trop la présomption et l'arrogance. Ces folles façons de parler ont été inventées pour chatouiller l'oreille des femmes, afin qu'ils puissent ainsi gagner la réputation du simple peuple, qui les estime très-subtils; tels discoureurs, pour la plus grande partie, condamnent les autres comme barbares et ignorants; parce qu'ils ne forment pas leurs paroles selon leurs humeurs; de plus, ils passent outre et blâment tous les auteurs qui n'affectent pas comme eux en écrivant, et ne recherchent point cette façon efféminée de parler.

—

DES PAROLES DE GAUSSERIE

Plusieurs entretiennent toujours leur société en gaussant ou criant, s'imaginant avoir gagné une grande victoire, s'ils découvrent quelque défaut dans les autres. Je me suis trouvé dans la compagnie de plusieurs gens de cette humeur, il semble qu'ils vous veulent bien entretenir, mais leurs embrassements sont comme des scorpions, ils ont une queue fort dangereuse; telles gausseries dans aucun, procèdent d'une simplicité folle, c'est pourquoi les sages n'y prennent garde; il y en a qui le font pour récréation seulement, n'ayant d'autre intention que de se réjouir; mais ceux qui spécialement doivent être remarqués et leur fréquentation évitée comme dangereuse, sont ceux qui prétendent de diffamer ou rendre honteuses les personnes desquelles ils se moquent, et cette façon de gausserie est très-malicieuse, cela provient d'orgueil et d'envie, parce qu'ils veulent mépriser les autres, ou bien faire en sorte qu'on n'ait si bonne opinion d'eux qu'on avait auparavant; et ceci suffise pour la manière de parler : Venons maintenant à la matière ou au sujet du discours.

—

DES ESPRITS DE CONTRADICTION

Les discours d'aucuns sont toujours pleins de contradition et opposition, car ils se veulent montrer capables de contrôler et surmonter tous les autres; ils supposent d'avoir gagné la victoire quand ils ont crié au-dessus de leurs compagnons : telle conversation ne saurait que déplaire à la bonne compagnie, ces personnes sont comme un fardeau sur les épaules de leurs compagnons, car comme un chacun se plaît dans son opinion, et désire qu'elle soit approuvée, ainsi tous les hommes se déplaisent avec ceux qui les contrarient, et tiennent pour faux ce qu'ils ont donné pour véritable.

Ces paroles contradictoires fort enracinées signifient un cœur vain et très-glorieux; je pense qu'il n'y a point d'autre remède pour amender cette sorte de gens, que de rompre le discours et les laisser posséder leurs opinions, sans se travailler l'esprit davantage : parfois ils rencontrent d'aussi bonnes têtes qu'eux qui les contrarient aussi promptement qu'ils peuvent questionner. Il est bon à ceux d'une telle humeur d'éviter un tel défaut, tant pour leur crédit que pour s'adonner si souvent en contradictions ; ils pourraient tomber dans la défense de plusieurs sottises et absurdités, et ainsi manquant de raison et ayant trop de pertinacités, ils perdent leur réputation. Il est bien vrai qu'entre les nobles et sublimes esprits, il arrivera diversité d'opinions, et on doit par conséquent opposer son jugement contre l'autre ; c'est pourquoi en pareil cas celui qui s'oppose doit proposer sa raison, en sorte qu'il semble plutôt désirer d'apprendre, que de triompher ou insulter son compagnon ; ce qu'il pourra plus aisément effectuer, s'il n'use point de paroles de mépris, s'il n'est point aussi véhément ou violent dans son action.

—

MATIÈRES SPÉCIALES

L'on voit que pour découvrir la passion, l'inclination d'autrui, la façon de parler aide beaucoup, mais je vois que la matière aide davantage, car l'affection qu'on a d'une chose, si elle est véhémente, il faut qu'elle prenne jour. Les hommes qui ne sont pas sages communément, discourent de matières basses et frivoles; les vicieux d'une ou d'autre sorte de vice; ceux qui sont sages, de graves et profonds sujets, et s'ils descendent sur quelques discours futiles, ils passent légèrement ou touchent quelque point si subtilement que *ex unguibus* vous les pouvez facilement connaître. Quelques hommes en discourent beaucoup d'eux-mêmes, et ne visent à autre chose qu'à leur recommandation, et petit à petit, insinuent leurs louanges; ou si l'on vient à les louer, aussitôt vous les verrez se gonfler d'un vain plaisir qu'ils ont conçu d'eux-mêmes; mais peut-être que vous me demanderez en passant : quoi ! si un homme me loue, ou quelque chose qui m'appartienne, comment m'y comporterai-je ? Si j'accepte sa louange, je serai estimé vain et glorieux; si je la dénie n'être point telle, il semblera que je méprise l'attribuant et le tienne pour un flatteur. En telle cause, pour ce qu'il arrive ordinairement, il serait bon d'y pourvoir par une réponse soudaine, comme Alphonse, roi d'Aragon, répondit à un orateur qui avait récité une longue oraison à sa louange, le roi lui dit : Si ce que tu as dit s'allie avec la vérité, j'en remercie Dieu, sinon je le prie qu'il me fasse la grâce que je le puisse faire. Ou bien si un homme sage peut dire : Je ne mérite point cette louange, mais votre affection améliore ainsi mes actions. Ou bien par votre bonne nature et votre considération, vous remarquerez plutôt le peu de bien que je fais, que beaucoup de mal que j'ai commis, encore l'affection que vous me portez vous force d'interpréter toutes mes actions en bonne part. Par ce moyen, vous éviterez une sorte de vaine complaisance dans vos affaires qui offense beaucoup ceux qui sont adonnés à censurer vos actions, de même vous ne devez pas dénier rudement ce que, par courtoisie, votre ami affirme pour être véritable.

—

DE CACHER OU RÉVOQUER SES SECRETS

Comme il s'en trouve qui sont si secrets, qu'ils ne veulent jamais ouvrir aucune chose de leurs propres affaires, ainsi il s'en trouve d'autres au contraire qui sont si simples, qu'ils découvrent plusieurs de leurs conceptions à un chacun, spécialement en ce qui les concerne et à la première rencontre; les premiers sont ordinairement fins et rusés, parce que l'amitié requiert quelque communication dans les secrets; principalement si c'est un singulier ami : et cette offense peut bien être tolérée dans ce siècle dangereux, où l'intérêt est recherché et l'amitié méprisée : où au moins les hommes s'aiment plus l'un l'autre pour l'or que pour la vertu. C'est pourquoi, si tu es sage, ne te fie à nul homme, si ce n'était un ami choisi, et que tu eusses expérimenté de longue main; mais s'il est vicieux (si entre personnes vicieuses il y peut avoir de l'amitié), assure-toi que lui déclarant une partie de ton intention, tu as presque tout révélé en public, car ces personnes ordinairement, si ce sont des jeunes hommes ou des femmes, ou d'un port déshonnête, sont causeurs et très-indiscrets en leurs paroles ; de plus leur amitié étant fondée sur leurs propres intérêts, comme plaisir ou profit, si par hasard un de ceux-ci manque, alors persuade-toi que tout ce qu'ils connaissent de toi sera révélé, parce que ces personnes imprudentes supposent que l'amitié étant une fois rompue, elles ne sont plus obligées de garder le secret ou conserver tout crédit, et ainsi en un tour de main elles tournent tout dehors.

C'est pourquoi je le tiens pour une règle générale qu'un homme doit réserver ses secrets d'importance pour lui, ou bien qu'il ne les manifeste qu'à celui qu'il connaîtra d'être véritable, sage et vertueux ami.

Il y a une sorte d'hommes qui se peuvent bien nommer trompeurs et amis; car en apparence ils affichent quelque amitié, mais en effet ce n'est que flatterie et dissimulation; ils viennent à vous sérieusement, et disent quelque conte en secret, vous conjurent de ne rien révéler à personne : vous le promettez et l'effectuerez; mais cet ami-là lui-même ne tiendra point le secret; car sitôt que vous aurez le dos tourné, il en fera autant à un autre, peut-être à deux ou trois, et ainsi vous entendrez publier ce que vous estimiez un grand secret. Cette sorte de déception résulte d'une grande ruse et d'une amitié dissimulée, car l'amitié bien sincère n'admet point plusieurs personnes en communication de secrets. J'en ai connu divers qui étaient sujets à cette passion, mais qui, après, ont été grandement punis pour cela. Les sages rient ordinairement quand ils entendent de pareilles confidences.

DE LA PHRÉNOLOGIE

OU

ÉTUDE DES BOSSES DU CRANE DE L'HOMME

François-Joseph GALL naquit en 1758, à Tiefenbrunn, près de Piorzheim (grand duché de Bade), se fit recevoir médecin à Vienne utr iche) en 1791, et exerça quelque temps dans cette capitale. Il vint à Paris en 1807 et s'y fit naturaliser Français en 1819. Gall mourut en 1828. Il est le fondateur de la crânioscopie ou crâniologie, phrénologie, étude qui a pour but de chercher dans la structure du crâne de l'homme les signes extérieurs de ses facultés et de ses capacités naturelles.

Gaspard Spurzheim, natif de Trèves en 1766, est mort à Boston en 1833, élève de Gall, dont il propagea la doctrine en Allemagne, en France, en Angleterre, aux Etats-Unis; concourut au grand ouvrage de Gall l'*Anatomie du Cerveau*, et publia lui-même des *Traités sur la Folie*, en 1817; sur *les Principes de l'Éducation*, en 1821; sur *la Nature morale et intellectuelle de l'homme*, en 1832. Nous expliquerons ici, aussi complétement que nous le permettent les limites de notre cadre, la science que Gall et Spurzheim ont révélée et qui a reçu de leurs disciples le nom de Phrénologie.

—

DOCTRINE DES DOCTEURS GALL ET SPURZHEIM

Tableau des facultés de l'intelligence.

Nota. — Voir à la planche ci-contre les chiffres correspondants à ceux ci-dessous.

1. Sentiment des faits, mémoire des faits, éducabilité, sens des choses, perfectibilité, domesticité des animaux.

2. Sagacité comparative, sentiment des comparaisons.

3. Sentiment du juste et de l'injuste; esprit de justice, bonté, bienveillance, affabilité, conscience, sens moral.

4. Sentiment religieux, théosophie.

5. Fermeté, constance, persévérance, opiniâtreté, entêtement.

6. Sentiment des grandeurs, instinct de l'élévation, amour du pouvoir, de la domination, de l'autorité, du despostime, amour de l'indépendance, sentiment du grandiose, du sublime, sentiment de sa propre dignité, estime de soi-même, fierté, orgueil, arrogance, dédain, présomption.

7. Amour des enfants, philogéniture.

8. Amour.

9. Instinct de sa propre défense, courage, penchant à la ruse, à la querelle.

10. Instinct de sociabilité, attachement, amitié, mariage.

11. Sentiment de la circonspection, prévoyance, prudence, hésitation, indécision, penchant au suicide.

12. Vanité, amour de la gloire, émulation, fatuité, amour-propre, amour de l'approbation.

13. Sentiment poétique, poésie.

14. Sentiment de la mimique, esprit d'imitation, faculté d'imiter.

15. Sentiment de la propriété, amour de la propriété, instinct de faire des provisions, convoitise, penchant au vol.

16. Esprit de destruction, instinct carnassier, penchant au meurtre.

17. Esprit de construction, de composition, instinct de mécanique, sens des beaux-arts.

18. Esprit de ruse, adresse, habileté, savoir-faire, tact, finesse, hypocrisie, mensonge, fausseté, dissimulation, fourberie, astuce.

19. Esprit critique, penchant à la satire, esprit de saillie, présence d'esprit, sel, causticité, repartie.

20. Idéologie, esprit d'induction, métaphysique, profondeur d'esprit.

21. Mémoire des lieux, instinct des voyages, amour des paysages, facilité d'orientation, sentiment des rapports dans l'espace.

22. Sentiment du coloris, harmonie des couleurs.

23. Sentiment du calcul, mémoire des nombres, des dates, mathématiques.

24. Sentiment des personnes, mémoire des physionomies, amour des portraits.

25. Sens des mots, instinct des collections, facilité d'élocution, mémoire des noms.

26. Sentiment de la musique, sens des rapports des temps.

27. Sentiment des langues.

Nous ajouterons ici la description ostéologique du crâne et de ses parties, pour faciliter la recherche du siége des diverses facultés et leur assigner avec plus de justesse la place qu'elles occupent sur telle ou telle partie de la tête.

Voir avec cette explication la planche nº

—

OSTÉOLOGIE DE LA TÊTE HUMAINE

Les os de la tête sont au nombre de 22, divisés en deux ordres, qui sont en *crâne* et en *face*; le crâne se compose de 8 et la face de 14.

SAVOIR

OS DU CRANE

(*Voir la planche.*)

A.	Frontal ou coronal.	1.
B.	L'occipital.	1.
C.	Les pariétaux.	2.
D.	Les temporaux.	2.
E.	Le sphénoïde.	1.
F.	L'ethmoïde.	1.

OS DE LA FACE.

G. Les os propres du nez. 2.
H. Les maxillaires. 1.
I. Les os de la pommette. 2.
J. Les cornets inférieurs ou fosses nasales. 2.
K. Les unguis. 2.
L. Le Vomer ou la cloison du nez. 1.
M. Le maximillaire inférieur. 1.
N. Les os palatins (au palais). 2.

DES DENTS.

Chaque mâchoire chez l'adulte compte 16 dents qui fait 32, divisées en 4 ordres.

SAVOIR :

8 incisives qui servent à couper.
4 canines id. à déchirer.
8 petites molaires id. à broyer les aliments.
12 grosses molaires id. id.

DES CHEVEUX.

Si les cheveux se hâtent de croître, le corps déclinera bientôt à siccité. La multitude démontre l'homme chaud et s'ils sont gros il est furieux. Les cheveux pleins et étendus, et en couleurs blancs ou blonds, s'ils sont subtils et mous, signifient un homme naturellement timide. Ceux desquels les cheveux, dans leur jeunesse, sont gris ou blanchissent, signifient un homme enclin à la luxure, vain, menteur, instable, grand parleur. Ceux de qui les cheveux sont médiocres en qualité et couleur, signifient l'homme être propre et plus porté au bien qu'au mal, aimant la vie pacifique, l'honnêteté, et est de bonnes mœurs. S'ils sont serrés ensemble et apparents sur le front, ils démontrent un courage fort et brutal. Recoquillés sur les tempes, dénotent l'homme chaud. Les cheveux qui sont tenus, rares, déclarent l'homme froid et sans aucune force, mais quand ils sont fort épais, c'est signe de paillardise. Dans les enfants, abondance de gros poils, dénote une mélancolie future ; les cheveux courts et hérissés, signifient l'homme fort, audacieux, vain, souvent fallacieux, ambitieux de beauté, et plus simple que sage ; la fortune lui est favorable. Ceux qui ont les cheveux médiocrement frisés, signifient l'homme d'une nature et d'une grande simplicité. Ceux qui ont beaucoup de cheveux, signifient l'homme luxurieux, et de bonne digestion, vain et d'une cruauté prompte, mauvaise mémoire et qui sera malheureux. Ceux qui ont les cheveux rouges, sont ordinairement envieux, vanteurs, fallacieux, superbes et médisants ; ceux de qui les cheveux sont fort blonds, sont convenables à toutes choses aimables et honorables, et sont un peu glorieux ; les noirs signifient que celui qui les a tels, est studieux, secret, fidèle et bien fortuné.

—

DU FRONT

Le front grandement élevé en rondeur, signifie l'homme libéral et joyeux, d'un bon intellect, traitable envers les autres, et orné de plusieurs grâces et vertus. Le front plein et uni et qui n'a point de rides, signifie un homme très-litigieux, vain, fallacieux, et plus simple que sage. Celui dont le front est bas, signifie un homme simple, prompt et colère, cupide de belles choses et curieux ; celui qui est bien rond aux angles des tempes, que les os sont en saillie et dénués de poil, signifie un homme d'une bonne nature et d'un clair intellect, audacieux, curieux des belles choses, nettes et honorables. Ceux auxquels le front est pointu près des tempes (hydrocéphale), signifie l'homme être vain et instable en toutes choses débile et simple, et tendre de capacité; ceux qui l'ont large, changent volontiers de courage; et s'il est large à l'excès, c'est folie ou manque de discrétion. Ceux qui l'ont petit et étroit sont dévorateurs et indociles, sales, sans soins. Ceux qui l'ont assez long, ont du bon sens, sont dociles, mais peu véhéments.

—

DES SOURCILS

Quand ils sont fort pélus, ils dénotent ineptitude de mœurs; les épais avec multitude de poils conjoints au commencement du nez, sont d'une mauvaise nature; quand ils descendent des tempes à la racine du nez, le chaud et le sec dominent, et tels sont cautisques, fins et malfaisants, insatiables; les rares et de grandeur compétente, sont de grands esprits; les longs, dénotent l'homme arrogant : et s'ils sont longs avec beaucoup de poils, dénotent idées des grandes choses; quand ils descendent courbés du côté du nez, l'homme est ingénieux en toutes choses méchantes; s'ils sont droits comme tirés à la règle, c'est signe d'un mauvais courage, tels sont les féminins; quand ils se tiennent ensemble, ils dénotent l'homme fort triste et peu sage. Les sourcils qui tombent sur les yeux, dénotent envie; ceux qui n'en ont point sont malicieux.

DES PAUPIÈRES

Ceux qui ont les cils fort petits, sont malicieux, vicieux, colères; et quand ce lien est plus charnu, c'est signe de mauvaise finesse; quand la couverture de dessus est rouge, c'est signe d'ivrognerie; quand les cils sont tournés en bas, ou naturellement courbés ou recoquillés, c'est signe de menterie et finesse; si les coins des yeux ont une apparence charnue, ils signifient ivrognerie. Ceux qui remuent souvent les paupières, sont craintifs.

—

DES YEUX

Les gros dénotent pusillaminité; les enfoncés dénotent une subtilité malicieuse. Quand les yeux se meuvent difformement, au point qu'ils courent maintenant, et puis se reposent, annoncent de mauvaises cogitations; ceux qui les remuent légèrement avec une vue aiguë, sont larrons et pleins de fraude.

Le regard fixe vient d'une grande inconduite, mais aussi d'un grand désir de concevoir; ceux qui les ont comme les femmes, c'est-à-dire langoureux, sont paillards et san vergogne.

Un regard enfantin est signe d'une vie longuement joyeuse; les yeux beaux, riant avec le reste de la face, signifient adulation, luxe et détraction; les jaunes, signifient déception, tels sont ceux des meurtriers et des hommes de mauvaise vie; les yeux petits signifient malice et pusillanimité dans l'homme; les yeux qui tendent à regarder en haut, signifient bonté, inspiration; s'ils sont rouges et grands, ils signifient ivrognerie, méchanceté et folie; les yeux cachés ou enfoncés dans la tête, dénotent malice et colère dangereuse, méchantes conditions et grande mémoire, spécialement des injures. Quand les yeux sont alternativement fermés et ouverts, ils dénotent penchant au crime; les yeux rouges et ardents, signifient méchanceté et obstination; les yeux grands et les longs sourcils, marquent brièveté de vie; ceux qui ont les yeux et les sourcils longs, sont presque toujours savants, mais annoncent la brièveté de leur vie; quand ils brillent fort, sans aucune tache, c'est signe de bonté, s'ils sont mobiles, aigus, ils signifient larcin. Les yeux grands et riants, c'est signe d'un homme hébété, luxurieux, qui ne prévoit point l'avenir; les yeux riants, mais enfoncés, marquent de méchantes intrigues; les yeux tristes, signifient étude; les chassieux sont volontiers amateurs du vin; si la prunelle est noire, c'est signe d'une paresse hébétée; la prunelle qui a à l'entour d'elle des taches blanches nommées marguerites, signifient un homme envieux et bavard, timide et très-dangereux; les yeux bien noirs, marquent cupidité et avarice, et s'ils ne sont que faiblement noirs, mais non teintés de jaune, c'est signe d'un vertueux courage; les yeux blonds ou blancs, signifient timidité; les yeux qui ont abondance de veines, dénotent la folie.

—

DE LA FACE

Celui qui a la face charnue est importun, mensonger et peu prudent. La face grêle rend l'homme provide, et marque un esprit aigre; celle qui est grande, signifie paresse. La face petite signifie illibéralité, mauvaise finesse. Ceux qui ont le visage tortu sont de mauvaise complexion. Le long, signifie l'homme sans vergogne et injurieux; la face qui sue souvent, signifie gourmandise, luxe, tels sont sujets à de fâcheuses maladies. La figure en façon de vallée marque l'homme injurieux et menteur, mais elle doit être plus maigre que grasse. Tout visage gras et replet marque l'homme ignorant et adonné à la volupté; le petit visage marque petit entendement.

NOTICE HISTORIQUE SUR LAVATER

Gaspard Lavater, à qui nous empruntons le chapitre suivant, naquit à Zurich (Suisse), le 15 novembre 1714 ; il donna un nouveau cours aux idées et créa, presque à lui seul, une science conjecturale dans ses applications, et réelle dans ses principes.

Lavater, qui se destinait à l'état ecclésiastique, termina ses études au moment où toute la jeunesse de Zurich était sous le double charme de la poésie de Klopstock et de l'éloquence de J-J. Rousseau. Son premier acte, au sortir du collége, fut la publication d'un pamphlet, dans lequel il attaquait avec vigueur l'injustice bien reconnue d'un bailli suisse. Cet acte souleva contre lui toute l'aristocratie helvétique, et l'on s'empressa de le faire partir pour Berlin en 1763. A son retour dans sa patrie, il fut nommé diacre, en 1769, et quelques années après, premier pasteur de l'église Saint-Pierre de Zurich. Parmi les ouvrages qui appartiennent à la première époque de son talent, on distingue ses *Chansons helvétiques*, 1767, et ses *Considérations sur l'état de la vie future*, 1768; mais l'ouvrage intitulé : *Essais physiologiques*, 1775 à 1778, dans lequel il réunit les observations qui l'occupèrent toute sa vie, lui ont acquis une réputation sans égale parmi les philosophes. En 1798, Lavater se rangea du côté de ceux qui désiraient tout le bien que les réformes nouvelles pouvaient amener. A la prise de Zurich par les Français, en 1799, il reçut, à la suite d'une querelle, un coup de fusil d'un soldat français; la balle le frappa au bas-ventre, et lui fit une blessure dont il mourut quinze mois après, le 2 janvier 1801. Nous donnons ici, sous le titre d'*Indiscrétion de Lavater* un ouvrage inédit de ce célèbre professeur, copié d'après l'original communiqué par M. Schwitzer, on neveu et son exécuteur testamentaire.

L'expérience, dit-il, a démontré que les signes de naissance qui se voient sur la figure, sont toujours répétés sur une partie du corps déterminée; ainsi, en examinant la place qu'occupe un des 20 signes marqués sur la figure représentée, planche, consultant ensuite la table cidessous, on saura positivement à quelle place ce signe est répété; par ce moyen, on pourra, avec certitude, affirmer que telle dame qui a un signe sur la figure a le même au bras, au sein, à la jambe, etc., etc.

TABLE

a, à la poitrine,	*m*, au dos,
b, au sein,	*n*, au bas-ventre,
c, sur le pied,	*o*, à la fesse,
d, près de l'estomac,	*p*, au flanc,
e, près de la...,	*q*, sous l'épaule, vers le flanc,
f, à l'épaule,	*r*, au ventre,
g, près du nombril,	*s*, à la fesse,
h, à la jambe,	*t*, Entre la poitrine et le nombril.
j, aux reins,	*u*, sur le bras.
k, sous la cuisse,	
l, sur la cuisse,	

Nota. Ces renseignements sont tirés d'une lithographie publiée peu après la mort du célèbre Lavater.

DU NEZ

Celui qui s'étend à la bouche signifie bonté et audace; si les narines sont grandes et larges, c'est signe de grosseur des parties génitales; qu'un tel est luxurieux, traître, faux, audacieux, de gros entendement; le pied étroit, long et maigre rend témoignage des parties féminines; la mesure de la moitié du pied étant nu est, suivant le grand Albert, la mesure d'une entrée que nous ne nommons pas, ainsi que les lèvres grasses démontrent d'autres *lèvres* de grosseurs relatives. Ceux qui ont le nez aquilin se courroucent volontiers et sont fort vindicatifs; les nez camus signifient impétuosité, luxure, et néanmoins pusillanimité. Quand le nez est large au milieu, tendant au sommet, c'est signe de superfluité de paroles mensongères.

Le nez qui est gros par le bout marque convoitise; tels gens convoitent tout ce qu'ils voient. Celui qui est rond par le bout et rebouché, marque la magnanimité.

Le nez tendant aux parties latérales dénote blessure; le nez qui est dans son origine presque camus, marque libéralité; si le nez gros, large, rouge, se trouve à un corps de petite dimension, il annonce luxure et ivrognerie. Le poil des narines de l'homme étant dur, signifie l'esprit de l'homme dur et immobile; s'il y en a peu, il signifie l'esprit de l'homme docile.

DES OREILLES

Les grandes oreilles signifient l'homme prompt à se courroucer et impatient; étant grandes et étroites, c'est signe de paroles superflues et de longue vie; grandes et pendantes en bas signifient richesses; si elles sont subtiles et sèches, elles marquent instabilité; les oreilles petites marquent fraude et malignité; les oreilles longues et étroites dénotent l'homme envieux; les petites signifient vie brève; les rondes montrent l'homme indocile; les adhérentes à la tête démontrent la bonté naturelle; les oreilles cachées et plaquées à la tête dénotent paresse; les pelûres dénotent longue vie, bon entendement et luxure.

—

DES MACHOIRES

Celles qui sont éminentes dans la partie supérieure, marquent une malice extrême; les vermeilles par-dessus dénotent ivrognerie; les charnues dénotent l'homme sans art et sans esprit; celles qui sont maigres, malignité et envie; les rondes signifient tromperie. Ceux qui les ont pleines de poil sont stupides et sauvages.

—

DE LA BOUCHE

La grande, outre mesure, signifie grand parleur, impiété, cœur belliqueux, menteur, plein de folie et de toutes choses inutiles. La bouche qui a une petite clôture et ouverture, signifie l'homme timide, pacifique et infidèle. Celle qui est fort apparente et ronde, signifie, avec épaisseur de lèvres, immondicité et cruauté. Le menton long dénote l'homme peu sujet à courroux: toutefois, il est quelque peu causeur et a bonne opinion de soi-même. Ceux qui ont le menton petit sont grandement à craindre, car ils sont pleins d'impiété et épieurs. Le rond est un signe efféminé.

LES LÈVRES

Les grandes conviennent aux fous et hébétés; la lèvre inférieure lâche et bien rouge signifie grande charnalité et impudicité dans la femme; les douces et riantes dénotent luxure; les grosses dénotent stupidité. Mars est leur planète. Ceux qui n'ont point les lèvres rouges par dedans sont malades ou près de l'être. Les lèvres et la bouche humide, dénotent malignité et timidité; la lèvre de dessus petite et nullement élevée, montre un homme babillard, fort envieux et accusateur.

DES DENTS

Quand elles sont longues et sortent dehors, cela dénote un gourmand sujet à un mauvais courroux. Les débiles et rares, ou minces, marquent brièveté de vie. Les dents grosses à un homme signifient paresse, vanité, simplicité et bon esprit; quand elles sont sèches, elles annoncent une maladie prochaine.

DE LA LANGUE

Ceux qui sont bègues sont sujets au flux du ventre. Quand on répète la première syllabe, cela dénote une maladie prochaine. La langue blanche est un témoignage de pauvreté et de misere. Toutes personnes bègues sont rudes de corps et superbes.

DE LA VOIX

Ceux qui ont la voix tardive et grasse sont bien instruits. Les hommes qui ont une grosse voix sont injurieux et forts, l'aiguë signifie timidité; la voix molle et qui n'est pas entendue, ou dont le timbre est faible, dénote mansuétude. Ceux qui parlent gras et délié sont colériques, mais faciles à apaiser; ceux qui l'ont désagréable sont fous; ceux qui l'ont prompte dans leurs paroles, s'ils l'ont grasse, sont méchants, importuns, menteurs; si elle est grosse, un tel se courrouce aisément, est de mauvais naturel; ceux qui se meuvent souvent sont immondes; ceux qui parlent du nez sont menteurs et envieux.

DE LA CHIROMANCIE ET DU JUGEMENT DES AUTRES PARTIES

Ceux qui ont le cou grêle et long sont timides et malins; ceux qui ont le cou court sont fort chauds et grands trompeurs; ceux qui l'ont gras sont grands mangeurs. Les bras courts signifient l'amateur de discorde et l'ignorant. Les mains longues avec les doigts marquent une personne bien habile à beaucoup d'arts. La grosseur des doigts signifie folie et imprudence.

Nous allons décrire la science de la *chiromancie*, d'après les calculs d'Albert le Grand, Ptolomée, Avicenne, Averroës, Platon, Gallien, Antiochus, Tibertus, Indagine, Tricasse, Taisnier, Belot, Romphile, Cardon, Gœlénius, Frœlichius, Deperuchio, Lavater et feue mademoiselle Lenormand. Tous les chiromanciens voyaient dans la main, considérée isolément, un véritable *microscome;* ils estimaient que ses linéaments convenaient à tout le reste de la structure du corps, qu'ils étaient accommodés aux membres principaux; en un mot, que la nature avait encore répété en petit sur cette étroite surface les grandes opérations qu'elle exécute dans l'espace où elle fait mouvoir les planètes. La main, disaient-ils, est l'organe des autres organes, elle sert à toutes les autres parties du corps; les lignes qui la sillonnent ne sauraient être des choses indifférentes ou inutiles, et avoir été faites à l'aventure. A quoi bon leur variété? pourquoi diffèrent-elles dans chaque homme? La main n'est-elle pas à l'homme comme la feuille à l'arbre, etc., etc.

La main gauche était en général choisie de préférence, parce qu'elle était dédiée à Jupiter, qu'elle tendait au cœur et qu'on la supposait d'ailleurs formée avant la droite. Toutefois, les deux mains étaient utiles à consulter; lorsque les lignes de l'une et de l'autre étaient très-dissemblables (ce qui était un premier signe de funeste augure), il convenait de s'arrêter à celles qui étaient les plus apparentes et les plus régulières.

La main a trois parties : le carpe ou la rascette, la voie et les doigts. Le carpe est la partie qui s'étend entre la paume de la main et le bras; la voie est toute la partie entourée par les doigts; elle prend divers noms : la partie qui s'étend depuis le petit doigt jusqu'au poignet est l'hypothénar; la partie qui s'élève entre le pouce et l'index est le thénar; la montagne qui s'élève sous le pouce est appelée stéthos; le creux est quelquefois nommé plaine ou planeuse, et, dès le premier coup d'œil, le devin déterminait en lui-même la complexion et le tempérament de la personne; il la rangeait parmi les colériques ou les sanguins, les mélancoliques ou les bilieux, les flegmatiques ou les lymphathiques, suivant la couleur générale de la main, suivant sa fermeté, suivant sa proportion avec le reste du corps. Il étudiait ensuite dans leur ensemble la transparence des veines et le ton du sang, la longueur, la profondeur, la direction, la qualité des lignes, la régularité ou l'irrégulatité des figures, des angles et des courbes, s'appliquait ensuite à l'observation des sept montagnes, des sept lignes principales correspondantes aux sept planètes, et des jointures des doigts correspondantes aux douze signes du zodiaque (la peau excepté). Chacune des sept montagnes portait le nom des sept planètes dont elle subissait l'influence favorable ou contraire, suivant sa conformation et ses lignes. Cette influence n'était bonne que si la conformation et les lignes avaient les qualités désirables de netteté, de régularité, de profondeur, de couleur, de relation, etc.

(Voir la planche à la fin du vol... pour comparer à l'explication suivante).

♃ Jupiter (en alchimie, cuivre) : honneur, richesses, caractère agréable, paisible et tempéré.

♄ Saturne (plomb) : sagesse, prudence, ou froideur, morosité, infortune.

☉ Soleil (or) : gloire, espérance, gain, héritages, ou honte et misère.

☿ Mercure (vif-argent) : science, industrie, adresse, agilité, ou mobilité, inconstance, ruse, dettes.

☾ Lune (argent) : esprit, songes heureux, larcins, mélancolie, caprice.

♂ Mars (fer) : courage, dévouement, impétuosité, mariage, ou cruautés, violences par luxure.

♀ Vénus (étain) : bienveillance, grâces, beauté, amitié, ou les contraires.

Les signes du zodiaque confirmaient et détaillaient sur chaque doigt l'action des quatre premières planètes.

Le doigt indicateur était dominé par Jupiter, qui présidait au printemps; l'auriculaire était dominé par Mercure, qui présidait à l'automne. Ces deux saisons étaient alliées parce qu'elles étaient égales en douceur et en température, comme les deux autres l'étaient par une similitude de rigueur. Le doigt du milieu, ou médius, était sous la domination de Saturne, qui présidait à l'hiver, et l'annulaire, qui présidait à l'été.

Les sept lignes principales étaient comprises dans les limites de la voie et se divisaient de cette manière (voir la fig. fin du vol.) : Les deux lignes céphaliques (B et C) correspondantes au cerveau de l'homme et au monde intellectuel; les deux lignes cardiaques (A et G) et la ligne hépaltique (D) correspondantes au cœur et au foie et au monde céleste; les lignes de la restreinte et de la percussion (F et N), correspondantes aux éléments matériels et au monde élémentaire.

Ces lignes avaient des significations particulières qui étaient les conséquences des relations que nous venons d'indiquer, et de la proximité des montagnes ou tubercules des sept planètes.

En outre, chaque ligne secondaire ou chaque intervalle cerné de lignes croisées était le siége d'influences diverses.

A, première ligne de vie ou du cœur, dite cardiaque : elle enclot le stéthos et le sépare de la plaine de Mars : c'est la ligne de la fortune. Combinée avec la restreinte (F) et la percussion (N), elle indiquait la durée de l'existence. (B), ligne céphalique ou de la tête, dite moyenne naturelle, qui commence sous la bossette de l'indicateur, immédiatement au-dessous de la cardiaque (A), et finit à l'hypothénar : elle signifiait bon sens, jugement, éloquence, franchise, libéralité.

(A) Autre ligne céphalique ou de la tête, dite mensale : elle signifiait imagination, esprit, mémoire.

Ces trois lignes premières forment ce qu'on appelle, en langage vulgaire, l'M ; mais cette dénomination n'était pas consacrée par la chiromancie.

(D) Ligne du foie ou de l'estomac, dite hépatique, qui s'élève de la restreinte (F), et se dirige le long de l'hypothénar vers le mont mercurial : elle signifiait résignation, douceur, mélancolie, maladies chroniques.

(E) Ligne de la bonne et mauvaise fortune, dite saturnienne.

(F) Ligne de la restreinte, du carpe ou de la rascette, qui indiquait avec la cardiaque (A) et la percussion (N) la durée de la vie, l'année de la mort.

(G) Sœur de la ligne de vie, dite martienne : courage, persévérance, confiance, droiture.

(H) Ligne du luxe en bonheur ou en malheur, dite voie lactée ; elle serpente sur le mont de la lune.

(I) Ligne de la richesse ou de la pauvreté, dite solaire.

(K) La table de la main, entre la mensale et la moyenne naturelle : fantaisies, aventures.

(L) Stéthos, montagne du pouce : entraînement, plaisir du bal, délire, enthousiasme, amis fidèles.

(M) Thénar, espace entre le pouce et l'index : dangers du feu, douleurs et blessures de tête.

(N) La percussion de la main et l'hypothénar, naufrages, suffocations, bizarrerie, contradiction, poésie élégiaque.

(O) Lignes de trente, de vingt ou de dix années : différence de destinée aux différents âges.

(P) Le triangle dans la plaine de Mars : régularité ou irrégularité des pensées, exploits, duels, assassinats, vols.

(Q) Le quadrangle, entre la saturnienne et la ligne solaire : fermeté, magnanimité, mathématiques, égoïsme.

(R) Montagnette, ou tubercule de Mercure : érudition, idées générales, esprit actif, ingénieux, etc.

(S) Colline du soleil : gloire, opulence, travaux industriels, gains, héritages.

(T) Mont de Saturne : liberté ou esclavage, santé forte ou débile, méditation, deuils, grandes joies, grandes tristesses.

(V) Mont de Jupiter : bonheur domestique, honneurs, dignités.

La valeur de ces lignes élémentaires n'est ici qu'imparfaitement exprimée. Le tempérament spécial était comme une clef qui indiquait la variété particulière des tendances passionnées ou méditatives de la personne, la nature des obstacles ou des avantages qu'elle devait rencontrer dans le cours de sa vie. La signification des principales lignes était ensuite altérée, et souvent même annulée par des groupes de linéaments imperceptibles, par des taches de sang presque invisibles, par des étoiles, des croix, des chiffres, des orbes, des fourches, des rameaux, des chaînettes, des points, des serpents, des grillages, des nœuds, des excavations ou des lettres cabalistiques. Nous nous rappelons, par exemple, certaines observations de Coclès et d'Indagines, qui montrent à quel point les études primitives du chiromancien pouvaient être tout à coup modifiées. Suivant l'un d'eux, une petite ligne qui environnait le pouce comme un anneau, près de la première jointure, désignait qu'on serait pendu. Un cercle sur le mont de la lune signifiait qu'on deviendrait borgne. Trois petites lignes tortueuses à la naissance de la cardiaque promettaient une lèpre infaillible. Deux croix entre la mensale et la moyenne naturelle annonçaient deux héritages. Une double saturnienne prophétisait qu'on serait un jour un gueux ou un franc vagabond.

La main de Napoléon, dit mademoiselle Lenormand dans ses *Mémoires secrets de l'impératrice Joséphine*, fut un jet de lumière lancé par celui qui règne dans les cieux... Vue de loin, elle paraît brute et sans attraits, mais en considérant son intérieur, on se sent tout à coup frappé d'une émotion touchante. C'est là qu'on voit à quelle planète ou à quel signe du zodiaque chaque partie et chaque ligne de cette main furent assujetties. Le siége de la lune, celui de la ligne vitale, de la ligne saturnale, de la ligne naturelle, de la ligne mensale, de la ligne solaire, de la ceinture de Vénus, de la voie de lait, du petit triangle, du quadrangle en carré, de la table (*mensa*), enfin les restreintes ou rascètes, tout y démontre jusqu'à l'évidence des marques du héros, du conquérant... Nous allons extraire quelques renseignements puisés dans l'explication donnée sur cette main extraordinaire par mademoiselle Lenormand. Toutes les sept planètes, dit-elle, s'y trouvent placées suivant leurs dispositions convenantes. (Voir la planche fin du vol.) Jupiter est assis à l'extrémité de l'index, indice de l'amitié ou de l'inimitié des grands du monde; Saturne ♄, figurant au-delà de la troisième peinture du doigt mitoyen, démontre clairement l'inconstance du bonheur et la perte des biens. La remarque qui occupe la troisième peinture du doigt de Jupiter, annonce tributs prélevés forcément sur les peuples et les rois ; sur la seconde peinture se rencontre le forum, présage certain de sept dignités, par degrés, et que l'empereur Napoléon occupa effectivement. Un autre signe établit bon nombre de persécutions et révèle la haine d'un ennemi puissant (Angleterre). Cette étoile * annonce qu'un bon génie ne cessera de veiller sur lui jusqu'à son huitième lustre. Mais en descendant à l'autre phalange les deux premiers signes qui s'y trouvent dénotent qu'en délaissant ce bon génie (Joséphine) son faux calcul et la haine de ses ennemis amèneront infailliblement sa chute; de plus, en considérant les mêmes signes, il est facile de reconnaître que la plupart de ses malheurs lui adviendront par les femmes. Ses dignités devaient être promptes; quatre lustres semblaient être le terme de tout son éclat et de ses triomphes.

La remarque suivante, accompagnée de trois points, pouvait prédire que, durant les trois dernières années de son règne, ses ennemis s'occuperaient de miner sourdement son trône.

Les deux étoiles ** sur l'extrémité du doigt de Saturne déclaraient que Napoléon finirait par ceindre le bandeau des rois, qu'il serait couronné publiquement dans une métropole bâtie par des insulaires en France. Cela dénotait aussi que les descendants de ces mêmes gens d'armes lui préparaient un palais situé dans une île à peu près inconnue. Le signe de Saturne, placé sous ces deux étoiles et semblant les gouverner, était pour lui du plus funeste augure. Sur la deuxième jointure du doigt mitoyen, on apercevait un triangle : il dénotait un homme curieux et soupçonneux, peu prodigue de ses dons, si ce n'est aux gens de guerre, à qui il devrait tout. Une blessure à l'un des talons, un autre à la cuisse, de même qu'au doigt auriculaire, se remarquait...

L'étoile démontre le souverain magnanime, amateur du beau, formant des projets gigantesques souvent inconcevables. Une ligne serpentant sur la racine de la seconde jointure, présageait diverses sortes de périls, outre plusieurs tentatives d'assassinats. La ligne droite | et la lettre C sur le doigt de Saturne, de même que X, promettaient une seconde alliance, mais plus illustre que la première. Les points placés à la base de ce doigt lui annonçaient que la première source de sa félicité lui viendrait d'une femme blonde, veuve d'un homme brun, portant l'épée et frappé par un glaive. Entre la seconde et la première racine de ce doigt mitoyen, on remarquait une figure carrée, tableau hiéroglyphique de son bonheur détruit par une seconde alliance.

La figure représentant l'image du soleil ☉ à l'extrémité de la première jointure de l'annulaire, démontrait que Napoléon deviendrait un homme extraordinaire, s'élevant par son propre mérite ; mais spécialement favorisé par Mars et Jupiter, il pouvait prétendre à tout, sans ces quatre lignes droites | | | |. De la troisième à la seconde jointure on voit une étoile * ; si elle se fût trouvée sous le signe du soleil, elle aurait maintenu Bonaparte sur le trône pendant le cours de ses lustres ; mais la ligne courbe au-dessus du signe céleste et cette autre * étaient la meilleure preuve que l'heureux conquérant serait abaissé par ceux qui l'auraient élevé ; un autre signe en forme de V annonçait qu'au bout de sa course il aurait à considérer les vagues agitées de l'Océan.

L'auriculaire de la main gauche présentait le signe de Mercure ☿ à l'extrémité de la troisième jointure, mais il était sans attributs ; aussi peu d'hommes devaient posséder son érudition, sagesse, finesse, justesse de raisonnement, sciences, arts, exercice, subtilité d'esprit, tout en un mot lui fut accordé. Ce signe de Mercure ☿ démontrait encore que ce guerrier avait une humeur fantasque et fâcheuse, et qu'elle lui susciterait de puissants ennemis. Cette remarque, entre la première et la seconde jointure de l'auriculaire, démontrait qu'il ferait exécuter d'immenses et utiles travaux.

Ces trois lignes | | | dénotaient qu'il serait infidèle en amour. Vénus, toute puissante sur la deuxième jointure du pouce ♁ annonçait clairement que Napoléon finirait par adopter des enfants qui ne seraient pas les siens; son étoile lui en promettait de naturels. Les trois étoiles ***, sur la seconde jointure du pouce, présageaient qu'entouré de grands hommes secondant son génie, et malgré ses ennemis, il serait couronné entre son sixième et son septième lustre; mais cette marque funeste 6 (et toujours de si défavorable augure en chiromancie), se rencontrant au niveau de la première jointure de ce doigt de Vénus, semblait prédire vissicitudes rapides dans sa fortune; qu'il répudierait sa première épouse afin d'obtenir un héritier.

Le signe de Vénus ♁ se retrouvant encore à la racine du premier doigt environné de trois étoiles ***, et sur son mont portant Jupiter ♃ et Vénus ♁, en plus ces nombres si heureux en cabale 9, 19, 99, désignait que ces figures, semblant ne former qu'un même tableau d'orient en occident, des potentats consentiraient que leur nom s'alliât avec le sien. Le signe du ☉ éclairant la ligne vitale, annonçait que Napoléon porterait ses vœux très-haut et fixerait à son char la gloire et la victoire.

Examinant ensuite les trois lignes prenant leur racine dans la vitale, on peut être étonné de son inconcevable fortune, si on s'arrête à cette autre remarque, deux C renversés et coupés par un trait, qui signifie yeux troubles, aveuglement politique, alors on pourrait dire : Ici devait être le terme de tant d'illustration.

Les quatres traits ou signes aux deux tiers de la vitale désignaient un homme guerrier prodigue du sang. Cette ligne fourchue et divisée vers le mont de Jupiter, dénotait des voyages en autant de régions qu'il y avait de branches : l'Europe, l'Asie, l'Afrique. Dans l'intérieur de la ligne vitale dominant le mont de Vénus, on remarqua un X, ce qui dénotait des voyages de long cours. La ligne saturnale dénotait un génie audacieux ; la ligne mensale, vers le mont de Saturne, présageait des malheurs après le neuvième lustre accompli ; la saturnale, coupée par une ligne entre la ceinture de Vénus, la mensale et la saturnale, démontrait encore que Napoléon serait heureux avec une femme du Nouveau-Monde. La fin de cette ligne promettait un bonheur durable, s'il était étayé par la reconnaissance. La voie de lait prenant sa croissance du côté de Mercure, et touchant le mont de la lune pour s'étendre sur celui de Jupiter, ayant à son extrémité et vers sa moitié divers signes, démontrait que si Napoléon eût visité l'Amérique, il y eût fondé une immense empire et sapé les fondements des nouvelles républiques.

Le milieu de sa main était exclusivement sous l'empire de Mars, mais les trois lignes que l'on voit sur le mont du Soleil, les diverses remarques sur celui de Mercure, faisaient prévoir le dénoûment de ce drame historique et tragique. Les signes représentés au centre de la plaine de Mars, représentaient que Napoléon dans ses revers, conserverait encore quelques amis fidèles. Une marque près les rascettes, assurait que son humeur belliqueuse ébranlerait le continent.

Les trois restreintes en forme d'échelle, l'arbre de vie, ornant le poignet de cette main d'étude, est dans l'empire de Mars, aussi vaste que celle du triangle majeur, du triangle mineur et du quadrangle ; puisque c'est dans ces trois figures que l'espace le plus bas et le plus enfoncé de la paume de la main est compris, celle de Napoléon devait reconnaître pour son souverain Mars ♂, ☽, depuis la voie de lait jusqu'à la percussion. La lune ☽ étendait son empire et par conséquent, cette partie longeait le siége de

Mercure ☿, dépendant de cette humide planète. En étudiant ces différents détails et les suivants, concernant la main de l'impératrice Joséphine, il est certain que le lecteur y trouvera un utile enseignement pour l'étude de la chiromancie.

—

Voir à la fin du volume la description de la main de l'impératrice Joséphine.

SUITE DU JUGEMENT DES AUTRES PATRIES

Les pieds trop longs montrent l'homme vigilant à tromper; les pieds étroits et courts dénotent malignité; les pieds courts et qui ont la plante fort retirée, c'est mauvais signe. Ceux qui marchent à grands pas sont magnanimes et viennent à bout de toutes leurs affaires.

Ceux qui cheminent à petits pas étroits ont peu de courage; quand les doigts sont mous, c'est signe que l'homme est docile, et quand ils sont durs, c'est le contraire. Quand les mains sont courtes et les doigts forts, c'est très-bon signe. Si les mains grosses et petites ont les doigts courts outre mesure, elles dénotent un tergiversateur et larron. Les mains tenues et torses dénotent un homme babillard.

Les ongles blancs, larges et un peu rouges, signifient très-bon jugement; mais quand ils sont étroits et fort longs, c'est signe de cruauté et folie. Les ongles pliés et courbés signifient impudence et rapacité. Les ongles qui sont profonds dans la chair et non adhérents avec elle, signifient cruauté excessive et grande folie. Les ongles trop courts, pâles et noirs, déclarent l'homme malicieux. Les doigts fort ronds denotent malignité, cautèle, avarice et luxure. Les courts et gros signifient audace et crüauté, et quand ils sont trop longs, un tel est loin de sagesse. S'il y a trop grande distance entre eux, c'est signe de légèreté et de loquacité. Ceux qui ont les mamelles pendantes, la poitrine environnée de chair molle, sont adonnés au vin et à la luxure sans modération.

Ceux qui remuent tout le corps sont efféminés. Ceux qui ont un grand ventre sont indiscrets, fous, superbes et luxurieux. La subtilité des jambes démontre l'ignorance; leur grosseur, audace. Ceux qui ont le pas long et tardif prospèrent communément. Ceux qui ont les pas petits sont impétueux et de petite puissance, et sont de mauvais vouloir dans leurs œuvres. Ceux qui ont les doigts de pieds conjoints ensemble sont craintifs. Ceux qui on la plante des pieds toute pleine sans être aucunement cave, sont cauteleux et méchants. Ceux qui sont ordinairement affamés ont l'estomac froid et moins capable de digérer. Ceux qui suent par trop en dormant ont besoin de purgation, dit Hyppocrate, ou se nourissent par trop. Quand les épaules sont voûtées, les doigts courts, les lignes de la main point entrecoupées et ont beaucoup de dents, tels sont de longue vie. Le pouls des artères fréquent, la liberté de la respiration, la promptitude des actions avec l'abondance de la bile, sont des marques de la vivacité et d'un extrême courage. La grosseur des veines, la naissance de l'ornement du pénil, avec la siccité et âpreté de cuir, est signe de chaleur de foie. Au contraire ceux qui ont les fesses larges sont lâches, froids et craintifs. Ceux qui sont de leur nature bien gras et ont le ventre gros, sont de plus courte vie que les maigres. Les corps qui sont velus et dénués de graisse, la face rouge et couverte de signes velus, tels sont plus chauds que les autres, et au contraire l'inverse. Les sanguins vivent plus que ceux d'autres humeurs, les continents plus que les luxurieux, les sobres plus que les gourmands, les mâles plus que les femelles. Pour connaître si un homme est gaucher, regardez si en cheminant il se penche du côté gauche, car tels pour la plupart sont gauches, et au contraire l'opposé. Ceux qui ont la chair molle ont le sentiment plus exquis et ont l'entendement plus subtil que ceux qui l'ont grosse.

Nous sommes maintenant à la dernière partie, laquelle en la pratique de la physionomie doit être la première, car bien souvent on ne peut savoir de quel pays est celui à qui on parle, ou bien sa couleur sera changée par quelque accident comme pour avoir bu ou parlé à d'autres que vous n'avez pas vus; ou aussi sera pauvre ou riche, noble ou roturier, lesquelles choses altèrent et changent étrangement les mœurs; ainsi, je trouve que par les marques particulières on ne peut juger si aisément que quand on en a plusieurs courantes qui nous montrent l'inclination à quelqu'un des vices ou à quelqu'une des vertus.

CARACTÈRE DU JUSTE

Le juste a toutes ces marques ci-dessous, il a les yeux et la bouche vénérables, d'une forme et d'une façon virginale, d'un regard véhément et terrible, d'une lumière et des yeux, ni humbles, ni rudes, mais d'une certaine tristesse pleine de révérence et de dignité. La couleur des cheveux est obscure. La voix grasse, raisonnable et inflexible ou moyenne, entre le grave et l'aigu. Les yeux grands, hauts, à fleur de tête, reluisants et humides, avec le rond des prunelles égal, ou le rond plus bas qui embrasse la prunelle, étroit et noir, mais le plus bas est éclairant en des yeux humides, et rien n'apparaît en eux d'étrange et de joyeux, ou au rire ils sont humides, les paupières abaissées, le front long, étendu aux deux tempes.

—

DE L'INJUSTE

Le rond inférieur de la prunelle de l'œil est vert, le dessus noir, il a les yeux verdâtres, quelque peu secs ou quelque peu roux, immobiles, grands et regardant en bas, ou mal arrêtés, en se fermant d'une médiocre grandeur, reluisants, avec un fond égal et sec ou riant, et ce qui est hors les yeux, comme le front, le nez, les joues, les sourcils et les lèvres qui se meuvent, ou riants ouverts, et qui regardent d'un œil fixe et menaçant.

—

DE L'HOMME DE BIEN

Le nez grand, bien proportionné au visage; ou long, étendu jusqu'à la bouche, ou médiocrement long, large et ouvert, la face belle, l'haleine tempérée, la poitrine large et les épaules grandes, les mamelles médiocres, et les yeux caves et grands, se mouvant comme de l'eau dans un vase, ayant le regard arrêté, les cercles des yeux ordinaires, les yeux toujours ouverts, obscurs, humides, et leur regard doux ou triste, et serrant les sourcils, et le front austère et abaissé.

—

DE L'HOMME INSTRUIT

Le front ni plein, ni ridé, les oreilles décemment grandes et carrées, la face médiocre, la voix ni haute, ni basse, ni grêle, peu de ris, les ongles larges, blancs et approchant du jaune, les yeux caves, arrêtés, bleus, grands, attentifs et reluisants comme humides d'eau, les pieds bien formés, articulés et nerveux.

—

DU MÉCHANT

Il a la face laide, les oreilles longues et étroites, la bouche petite, qui sort dehors, les dents de chien longues, avancées et fermes, le parler prompt, principalement si sa voix est grêle, ou si elle sort du nez, ou si elle est malaisée ; le cou courbé, bossé, les jambes fort grêles, les pieds mal bâtis, creux sous la plante, les yeux en la longueur du visage, ou à l'endroit de la prunelle qui se regarde, se mouvant conjointement, reluisants comme du marbre sec, et noirs, qui jettent un regard comme s'ils sortaient de sa tête, qui ne se ferment point, pâles, rougeâtres, secs.

—

DES EMPOISONNEURS

Les yeux secs, sortant de la tête, les ronds des pupilles inégaux, sans arrêt, des taches de sang, ou pâles, dans des yeux noirs.

—

DES YEUX VÉNÉNEUX

Les lèvres inférieures, petites, et l'endroit des dents canines, tuméfiées.

DES MEURTRIERS

Les sourcils touffus et conjoints, les cercles des yeux à l'endroit de la prunelle, sans arrêt, les yeux sortant de la tête, secs ou bien vagues, pâles.

—

LE FIDÈLE

Les yeux médiocres tirant sur le bleu ou le noir, ou les yeux tirant sur le bleu, grands, fermes et luisants ou tristes, et les sourcils comprimés; le front austère et abaissé.

—

DE L'INFIDÈLE

La tête fort petite avec une figure fort mal convenable, et faiblesse du dos, le front âpre, pleins de rides et de petites fosses les épaules élevées en haut, les mains étroites et grêles, les yeux caves, petits, secs, ou en perpétuel mouvement, comme troublés ou mobiles et d'un regard aigu.

—

LE PRUDENT

Il est petit de corps, il a la tête plus grande que petite étendue de l'occiput au sinciput; les cheveux blonds dans son enfance, le front carré d'une juste grandeur. La face médiocre et grasse, la langue subtile, la voix entre le grave et l'aigu, les lèvres de dessus avancées, le cou incliné vers le côté droit, la poitrine et les épaules larges, les mains longues et les doigts longs, qui ne se meuvent point en parlant, les yeux grands, hauts, luisants, d'un regard humide et lucide,

DE L'IMPRUDENT

Le front haut, voûté, l'haleine oppressée comme à ceux qui se reposent après une course, les doigts des mains moux et mal bâtis, ils marchent vite, et s'ils sont surpris ils craignent et se ramassent en eux-mêmes, ils marchent d'un corps balancé et d'un visage haut, ils sont ou grands ou petits de corps, et ont la chair sèche et d'une couleur qui témoigne de la chaleur, ils ont les yeux avancés, saillants, petits, étincelants ou obscurs, rouges et de couleur sanguine, immobiles, rougeâtres, grands, regardant en bas ou immobiles et élevant les sourcils et soupirant, ou s'ouvrant et se fermant alternativement.

—

DE L'IDIOT

Il a la face pleine, charnue, les lèvres grosses, le parler difficile, le cou droit, le corps penché vers le côté gauche.

—

L'INGÉNIEUX

A la chair molle, humide, ni velue, ni sans poil, ni trop grand, ni trop petit, blanc rosé, d'un regard doux, les cheveux épais, médiocres, les yeux moyennement grands, tirant sur la rondeur du cou, égal et bien disposé, dont les épaules se baissent peu, n'ayant point de carnosité dans les cuisses et sur la peau, la voix claire, les paumes des mains longues, les doigts longs, finissant en pointe, il rit et pleure successivement, il est moqueur, son regard est comme mêlé de joie et de gaillardise.

LES MÉCANIQUES

Les mains longues avec les doigts longs, les yeux humides s'ouvrant et se fermant alternativement, la couleur des cheveux tirant sur le blond.

—

DES PENSIFS ET RÉFLÉCHIS

Le front ridé en tout ou en partie, la respiration facile et se faisant à peine entendre, le cou courbé, la marche lente.

—

LES DOCILES

Ont les cheveux tirant sur le blond, le front étendu en long, les sourcils rares et clairs, d'une égale grandeur, les oreilles enfoncées, la figure maigre peu riante ; le cou pendant sur le côté droit, les épaules grandes et la poitrine large ou la poitrine étroite, et le ventre médiocre, les mains immobiles en parlant, les doigts se pliant en arrière, les yeux médiocres, tirant sur le bleu ou sur le noir, ou tout bleus et luisants, grands, stables ou obscurs, humides, d'une juste grandeur, durs, arrêtés, petits, humides, ou se remuant comme fermes ou arrêtés, et ayant dans l'œil comme une teinte blanchâtre, ou se fermant, droits, humides, d'une juste grandeur, reluisants, avec le front uni, tristes.

—

DES CONSTANTS

Peu de sourcils, les sourcils noirs, solides, les yeux obscurs, humides et de juste grandeur.

L'INSENSÉ

La tête petite, le devant de la tête creux, ou le devant et le derrière tout ensemble, le front rond, haut, le bout du nez gros jusque au haut, la face charnue, longue, les joues charnues, les mamelles grandes et charnues, l'espace qui est depuis le nombril jusqu'au bas de la poitrine plus long que depuis le bas de la poitrine jusque à la gorge, les bras charnus, les ongles courbés et étroits, les yeux qui se meuvent lentement.

—

LES INCIVILS

Ont la tête très-grande, les cheveux d'un blond blanc, le front charnu ou étroit, les oreilles rondes, non enfoncées ou petites, le nez mal proportionné au visage, la bouche fort avancée, le cou gros et gras, dur, ferme et immobile, les lèvres grosses et rondes ou la lèvre inférieure pendante, les épaules élevées, les mains grandes et caleuses, les doigts trop longs et menus, les jambes et les talons gros, les ongles charnus.

—

LES INDOCILES

La tête trop grande ou trop petite, la face grande, le cou flasque.

—

LES SOTS

Le front large et grand, les oreilles grandes et droites, la couleur enflammée, les joues retirées dans un visage triste, la lèvre supérieure grosse, couvrant l'inférieure, la langue prompte, beaucoup de ris, une voix aiguë et éclatante, le cou haut ou penchant devant, ou en une autre partie, les mains fort courbées, les épaules velues, les yeux tournés du côté droit, les prunelles des yeux larges.

—

LES INCONSTANTS

Les yeux tranchants comme sortis de leur orbite, un peu grands, luisants, ayant un regard humide, ou se tournant en haut, principalement s'ils sont tremblants, ou si l'un des deux se tourne en haut, l'autre en bas, et qu'il y ait du tremblement qui ressemble à une haleine âpre et oppressée.

—

LES ÉPILEPTIQUES

Le front large et bas, le nez fort petit, long et subtil, ou grêle au bout, la bouche plate, le ventre et la poitrine fort velus, les yeux obscurs et petits..

—

CEUX QUI ONT BONNE MÉMOIRE

Toutes les parties d'en haut plus petites, bien belles, bien formées, disposées, charnues, non grasses, mais bien revêtues de chair, car les grasses sont le témoignage d'un homme hébété.

—

CEUX QUI L'ONT MAUVAISE

Ont les parties supérieures plus grandes que les inférieures, comme les mains, etc.

DU HARDI

Le visage austère, le front ridé, les sourcils longs, le nez long, étendu jusqu'à la bouche, la bouche grande, les dents longues, rares, aiguës et fortes, le cou mal fait, les bras longs et qui touchent jusqu'aux genoux, la poitrine large, les épaules grandes, les yeux luisants, verdâtres, sanguins, se remuant sans que les paupières bougent, ouverts, secs, luisants, et éclairant d'une lumière pure.

LES TÉMÉRAIRES

La bouche grande et avancée, les doigts courts et gros, les yeux reluisants, regardant de ravers, se fermant avec un front âpre, les sourcils de côté, les paupières dures et épaisses, ou se fermant droit, humides, d'une juste grandeur, avec le front uni.

LES SUPERBES

Ont les sourcils en arc et qui s'élèvent souvent, le ventre grand, charnu et pendant, cheminant d'un pas lent et s'arrêtant d'eux-mêmes par les rues, regardant de tous côtes pour voir si quelqu'un les observe, les yeux obscurs et avides.

LES TIMIDES

Le poil mou, le corps courbé, non droit, la couleur du visage un peu pâle, les yeux faibles, et qui s'ouvrent et ferment fréquemment, les extrémités du corps faibles, les cuisses grêles, et les mains menues et longues, le cou long, la voix aiguë et molle, le derrière de la tête creux, les cheveux droits ou crêpés, mous et pleins, noirs et blancs, le front grand, la face charnue ou osseuse, la couleur noire ou blanche, les lèvres minces dans une petite bouche, la respiration faible, rare, tardive; le corps et la poitrine maigres et sans poils, ou la respiration haute, fréquente et agile, la voix basse et tremblante, les yeux mal colorés, les yeux louches.

—

LES IMPUISSANTS

Les sourcils rares, étendus ou qui sont immobiles; ils sont bègues ou parlent gras de la langue, ils ont le cou grêle, les bras et les coudes menus, les mains petites, grêles et mal articulées, les mamelles petites et exténuées, les yeux qui se meuvent, avec des paupières de même.

—

DE L'HOMME COURAGEUX

A le poil rude, le corps droit, les os, les côtes et les extrémités du corps forts et grands, le front droit, non grand, ni uni, ni âpre, maigre, les épaules larges, fortes, le cou ferme, un peu charnu, la vue humide et terrible, la voix menaçante, forte et grande, la respiration égale, la tête un peu plus grande que médiocre, les oreilles convenablement grandes et carrées, le front carré, d'une juste grandeur, le nez bien proportionné au front, les narines larges, les lèvres minces dans une grande bouche, et la supérieure comme l'inférieure, les bras longs, les mains grandes et dures.

—

DE L'AVARICIEUX

La face petite, les membres et les yeux petits, la marche régulière, le dos courbé, la voix aiguë et éclatante, la couleur un peu rouge, la voix débile et comme pleurante.

—

LES LIBÉRAUX

Les cheveux tombant sur le front, le cou velu, les épaules libres, les doigts des mains renversés en arrière, les bras longs.

—

DE L'INTEMPÉRANT

La bouche creuse, le ventre grand, mou, pendant, les yeux obscurs qui, quand ils se ferment s'élèvent en haut, ou riants, humides, ou s'élevant en haut, grands et rougeâtres.

—

LE LUXURIEUX

Est blanc de couleur, velu, les cheveux droits, gros, noirs, les tempes velues, velu à la lèvre, les cuisses subtiles et nerveuses, le menton et les yeux gras, qui a la barbe amassée vers le nez, et la circonférence de ce lieu creuse, qui est entre le nez et le menton, qui a les veines visibles au bras, les paupières remuant sans cesse, les cheveux rares ou chauves, le poil des paupières tombant, les oreilles fort petites, le nez creux, rond devant le front, camard, les mains velues, les doigts des pieds conjoints, les ongles fort roides, les joues ramassées en un visage joyeux, les yeux vifs ou qui ont un cercle vert sous un noir.

—

DE LA FEMME LUXURIEUSE

Elle est pâle ou brune, grêle et maigre, la taille droite, les mamelles petites et dures, velue aux lieux ordinaires, les cheveux crêpés et courts, la voix subtile et haute, audacieuse en parler, superbe et cruelle, fort serviable, sujette à s'enivrer.

—

DE L'IVROGNE

Le visage petit, jaune, les joues charnues et toujours rougissantes, l'haleine forte, vive et fréquente, la gorge âpre et la vertèbre avancée, les paupières saillantes, les yeux rougeâtres, humides ou tranchants, comme sortis de l'orbite.

—

DES ENDORMIS

Ils sont chauds de nature, ils ont la tête plus grosse qu'à l'ordinaire, les vessies des yeux paraissent au-dessus, les veines des bras sont si grasses et si étroites qu'à peine les peut-on voir, les conduits par où vont et viennent les esprits de la tête sont si étroits qu'ils s'étoupent aisément, et c'est alors que le someil continue.

LE PARESSEUX

Le front grand, la couleur de la face comme du miel, le bas du nez gros, la face grande et charnue, et les joues grosses, le regard endormi, le parler court, la langue tardive, le corps velu, la marche lente, les yeux fort grands, ou qui se meuvent avec lenteur.

DU TEMPÉRANT

Les cheveux ni clairs, ni épais, l'haleine tempérée, le front ni uni ni ridé, la bouche ni étendue, ni pleine ; le cou penchant sur le côté droit, les coins des yeux courts, les pupilles médiocres, les yeux grands et luisants, un cercle étroit, noir sous un rouge, et des yeux humides.

L'IMPUDENT

L'œil ouvert, reluisant, les paupières rouges et grosses, les épaules élevées en haut, la taille non droite, mais un peu courbe, des mouvements précipités, le corps rougeâtre, de couleur sanguin, la face raide, la poitrine haute et élevée, le nez gros, le regard hardi et impudent, la couleur rousse, la tête aiguë, les cheveux fort roux, les sourcils longs, le nez crochu dès le front, la face longue ou pleine, le ris haut et cadencé ou avec une respiration saccadée, les jambes grosses, la marche vive, les yeux rouges comme du feu, ou grands, les pommettes saillantes.

LE HONTEUX

Il est tardif en ses mouvements et en son parler, la voix grave et pleine d'esprit, l'œil gaillard, peu vif, qui se ferme lentement, plein de rougeur, le corps courbe, les oreilles rouges, les yeux obscurs et humides, d'une juste grandeur.

LE TRISTE

La face ridée et le front maigre et grêle, les yeux abaissés, humble en sa figure, modeste en ses mouvements, les paupières étendues, les cheveux obscurs, la face triste, les sourcils conjoints, la vertèbre de la gorge avancée, la voix débile et rompue, l'haleine fréquente, haute et agile.

DU FACÉTIEUX

Le front grand, charnu et doux, ou qui autour des yeux est ridé, la face semble endormie, d'un regard agréable, ni ferme, ni lâche, les yeux humides et luisants, les mouvements tardifs, la figure et la façon du visage bonne, la voix douce, le front joyeux.

LE DISSIMULÉ

Il a ce qui est autour de la face gras, ou qui est autour des yeux ridé, la figure endormie, d'un regard agréable, d'une voix basse, d'une marche régulière, mais en perpétuel mouvement, marchant tantôt vite, tantôt doucement, les sourcils courbés sur les tempes, les yeux luisants, creux et petits.

—

LES MENTEURS

Ont la face charnue, le nez large au milieu, étrecissant en haut, la bouche riante, le parler vif et grêle, ou sortant du nez, la taille voûtée, les sourcils abaissés, et regardant comme à la dérobée, les yeux riants et joyeux.

—

DU VÉRIDIQUE

La face médiocre, grasse des joues et des tempes, la voix ni grave, ni aigre.

—

DU FLATTEUR

Il a la face petite, le front serein et étendu, tournant son corps deçà et delà en se tournant, les yeux petits et divers.

—

DES ENVIEUX

Ont les sourcils abaissés jusques sur les joues, la face pleine, les oreilles longues et étroites, les joues grêles ou grosses éloignées des yeux, la couleur comme livide, la bouche creuse, les dents longues, aiguës, claires et fortes ; la voix délicate, le parler aigu et débile, les bras courts, les yeux creux et petits

—

DE L'IRRÉLIGIEUX OU IMPIE

Les tempes creuses, les sourcils conjoints et velus, la bouche grandement fendue, les dents longues, aiguës, claires, fortes, les yeux creux, petits ou grands et émus, étincelants comme s'ils étaient colères, s'ouvrant larges, tranchants et gonflés autour.

—

LES MISÉCORDIEUX

Ils sont beaux, d'un teint blanc, ils ont les yeux gros et les narines éloignées en haut, et pleurent toujours ; ils aiment les femmes et engendrent facilement, sont fort adonnés à l'amour, ont toujours bonne mémoire, ingénieux et fins, ils ont les sourcils tout droits, le front long ou triste, et les sourcils abaissés.

—

LES JOUEURS

Ont les cheveux épais, droits et noirs, la barbe épaisse et les tempes velues, l'œil gros, luisant et lucide, regardant en haut, grand et rougeâtre.

—

LE BABILLARD

Est beau de forme, les oreilles grandes et droites, le nez droit ou large dans le milieu et étrécissant du haut, les joues longues, la couleur de la face comme du miel, l'haleine comme s'ils avaient bien couru, le menton long, la gorge âpre, les mains grêles et tordues, les doigts longs, grêles, les côtes enflées.

DE L'HÉROIQUE

La tête est d'une bonne grandeur, ou plutôt plus grande que plus menue, d'une rondeur plate, avancée devant et derrière, le front carré, entre l'uni et le ridé sous le front étincelant, des yeux grands et vifs, de couleur bleue, d'un regard aigu, les oreilles grandes et bien faites, avancées d'un bon entendement, les lèvres délicates, colorées, sur une bouche plus grande que petite, la voix modérée, les ris médiocres, le parler grave, la couleur des cheveux tirant sur le blond, la couleur du teint blanche, un peu rosée, les mains grandes, toujours larges

AVIS PRÉLIMINAIRE

Un des premiers éléments (l'eau) a offert à l'homme le premier miroir naturel, dans lequel il a pu connaître les différents traits de sa figure et de toutes les parties que ses yeux ne pouvaient apercevoir; mais il était réservé à l'astrologique de nous fournir un second miroir où nous pouvons voir et dire ce que sera la femme ou l'homme qui doivent naître dans le cours de l'année; et comme il est certain que pendant ces douze mois, les douze signes du zodiaque président à chacun d'eux, et auxquels on a donné les noms suivants : le Bélier, le Taureau, les Gémeaux, l'Écrevisse, le Lion, la Vierge, la Balance, le Scorpion, le Sagittaire, le Capricorne, le Verseau et les Poissons.

Ainsi, c'est d'après une étude approfondie de l'astrologie et de tout ce qu'ont dit et écrit les plus grands astronomes, que je présente au public ce nouveau miroir horoscopique.

Du moment que vous voudrez vous marier, n'attendez pas que l'amour détache son bandeau pour vous le poser sur les yeux, ce qui, n'en doutez pas, vous mettrait dans l'impossibilité de reconnaître les défauts de la personne dont vous voulez faire votre campagne, mais tâchez de connaître le mois où elle est née, et sitôt rentré chez vous, ouvrez ce livre et profitez de mes conseils, qui sont au nombre de vingt-six, dont les deux derniers consistent à vous dire que si vous voulez vous marier, vous ferez bien; mais si vous ne vous mariez pas vous ferez encore mieux.

HOROSCOPES

VOILA MON PORTRAIT

ET

VOILA LE VOTRE

OU

LES FEMMES D'HIER, CELLES D'AUJOURD'HUI ET CELLES DE DEMAIN,

OUVRAGE NOUVEAU.

Dans lequel on trouvera la juste balance de leurs qualités et de leurs défauts ; suivi des perfections et des vices des hommes, traduit d'un manuscrit hébreu, trouvé en 1836 à Luxores, ville située en Afrique, à 25 lieues du Caire, capital de la Haute-Égypte, lors de la translation de l'obélisque de ce nom en France, et traduit en français pour que chacun puisse voir et reconnaître tout ce qui doit lui arriver pendant le cours de sa vie.

JANVIER (LE VERSEAU).

Est le onzième signe du zodiaque qui commence le 22 janvier jusqu'au 21 février

La femme qui naîtra pendant ce mois sera doué d'une jolie figure; ses yeux respireront l'amour le plus vif; elle aura une chevelure ni trop brune, ni trop blonde. Son caractère sera mélancolique. A quinze ans, elle sera recherchée par des adorateurs qui tenteront de la séduire pour la tromper. A dix-huit, un homme d'un certain âge se présentera pour le mariage, mais la mort ne lui donnera pas le temps de le terminer, et elle ne sera mariée que six mois après. Quant à son caractère, il sera supportable. Elle aimera son mari, sera bonne mère, prudente, sage, discrète, économe, un peu envieuse, mais sobre, excepté pour le café qu'elle aimera de passion. Pendant sa première grossesse elle aura une singulière envie. Son horoscope lui assure qu'elle acquerra de la fortune. A l'âge de cinquante ans elle aura une forte maladie, mais les bons soins la rétabliront. Crois-moi, lecteur, épouse-là; c'est un présent du ciel.

—

FÉVRIER (LES POISSONS).

Douzième signe du zodiaque, qui commence le 22 février jusqu'au 20 mars

La femme qui naîtra pendant ce mois sera assez jolie; elle aura les yeux bleus, un signe naturel sur le sein droit, d'une bonne complexion et, selon que j'en peux connaître, elle se conduira bien, sera fort aimable, aimera la toilette et les parfums, fera beaucoup de choses inconsidérément et à son dommage, sera humaine envers les pauvres, aimera son mari et ses enfants. Selon l'horoscope, elle sera féconde, ce qui lui causera quelque incommodité corporelle en son premier fruit, si c'est une fille, mais si c'est un garçon, elle n'en aura point.

Selon la mauvaise influence des astres, sa pronostication est d'être malheureuse pendant sa jeunesse. Elle aura des procès contre ses proches parents, qui lui feront grand tort, sera trompée en diverses façons par les siens propres.

Les astres lui pronostiquent qu'elle perdra son premier mari, ce qui lui causera un grand chagrin, d'autant que lui restant plusieurs enfants et peu de moyens pour les élever, elle aura beaucoup de tourments. A quarante ans, elle sera malade, mais n'en mourra point, à cause du bon secours qui ne lui manquera point. Dieu, qui est le véritable médecin des pauvres veuves et des orphelins, et de tous ceux qui ont confiance en lui, ne l'abandonnera pas.

Elle sera principalement sujette aux maux de ventre, d'estomac et de migraine, de flux de sang et de plusieurs autres maux dont les femmes sont souvent attaquées. A quarant-huit ans, elle pourra avoir une dangereuse maladie, dont, si elle se réchappe, elle pourra vivre encore longtemps, si elle a soin d'observer un bon régime; mais elle aura beaucoup de chagrin et d'inquiétude. — **Femme à épouser.**

MARS (LE BÉLIER).

Premier signe du zodiaque, qui commence le 20 mars jusqu'au 20 avril. C'est par celui-ci que l'on commence à compter les degrés du zodiaque.

La femme qui naîtra au mois de mars sera encline à être de complexion rude et brutale, aura les cheveux blonds et bien longs, sera fort gaie, bien formée avec de beaux traits, belle et hardie ; elle causera beaucoup, sera bien venue partout, sera de haute stature, de grand esprit, n'aimera point le travail. Elle sera furieuse, colérique, douloureuse, jalouse, ambitieuse et fort curieuse. Elle sera sujette aux douleurs de tête, migraines, tourbillons de cerveau, apoplexies, rhumatismes, douleurs de dents et plusieurs autres maladies cérébrales. Selon sa mauvaise fortune, elle n'aura guère de santé depuis l'âge de sept ans jusqu'à douze, et depuis quatorze jusqu'à dix-sept. Pendant ce temps, le mariage serait dangereux, car elle souffrira d'une passion lunatique, et ce ne sera guère que de vingt à vingt-quatre ans qu'elle en sera délivrée ; alors, sa santé devenant meilleure, elle jouira d'un parfait contentement tout le reste de ses jours. Le ciel la menace de grandes maladies, causées par l'intempérance de son mauvais naturel, car étant chaud et humide, cela ne peut compatir avec le sec et le froid : *Calor et humiditas est putridinis causas.*

Pour ce qui est de sa fortune, elle sera fort médiocre. Elle aura plusieurs enfants qui lui mangeront son bien, et ayant convolé en secondes noces, la zizanie se mettant parmi les enfants des deux conjoints, causera un divorce continuel dans la maison, ce qui la détruira entièrement : Ma foi, si tu es hardi, prends-là.

—

AVRIL (LE TAUREAU).

Second signe du zodiaque qui commence le 21 avril jusqu'au 21 mai.

La femme qui naîtra au mois d'avril sera sujette d'être fort grasse, de haute stature, la tête grosse à proportion du corps, avec quelque tache au visage ou au col, un beau teint vermeil, yeux luxurieux, charnelle. Elle sera bien fournie de tous membres, aura les cheveux frisés, le regard fort doux, les pieds prompts et légers, une petite bouche fort amoureuse et bien faite de corps.

Elle sera de bonne complexion, de bonne vie, studieuse, de sorte qu'elle pourra faire une très-bonne maison par son génie. Sur les vingt-deux ans, elle sera attaquée d'une rude maladie, et en échappera par les bons soins qu'on prendra d'elle. Elle sera prudente, ingénieuse, songeant toujours à ses affaires.

Elle aura plusieurs enfants, car sa beauté et ses bonnes grâces la feront grandement rechercher des hommes, ce qui fera qu'elle produira des enfants jusqu'à l'âge de cinquante ans. Elle sera accusée d'adultère, quoique ce ne soit pas, mais ses ennemis seront confondus. Elle sera sujette aux maux d'yeux et de dents.

En son jeune âge, elle sera de peu de fermeté; mais ayant atteint l'âge de raison, elle changera entièrement de vie; elle s'abstiendra de fréquenter les personnes qui lui donneraient de mauvais conseils. Elle sera en danger de mourir du feu ou par submersion : c'est pourquoi elle doit prendre des précautions toutes particulières pour se garantir des accidents qui lui pourraient subvenir par ces deux éléments. On ne lui doit pas confier de grands secrets, car elle sera d'une grande indiscrétion, sans songer au préjudice qu'elle pourra causer à ceux qui les lui auront confiés, la croyant secrète. Elle aura une grande maladie à trente-trois ans, mais par les bons traitements elle en échappera. Plusieurs attaqueront sa pudicité à cause de sa beauté, mais ils ne pourront rien gagner. Elle sera fort libérale, et sera aussi constante dans les pertes que dans les profits ; elle sera médisante, menteuse et grande parleuse ; sera bigotte, faisant plus la précieuse qu'une véritable dévote. Elle sera en danger de perdre un œil ou de devenir tout à fait aveugle sur la fin de ses jours. Si tu as offensé Dieu, prends cette femme-ci pour pénitence.

MAI (LES GÉMEAUX).

Troisième signe du zodiaque, qui commence le 22 mai jusqu'au 21 juin.

La femme qui naîtra dans le mois de mai sera parfaitement belle et gracieuse, sera savante, parfois brutale et mutine, ce qui lui attirera du chagrin ; elle sera petite de taille, de peu de vie, de faible complexion ; elle sera fort aimée dans sa jeunesse de plusieurs, à cause de sa beauté, aura les sourcils noirs, les yeux brillants, les dents blanches, mais un peu grosses ; belle poitrine, les mains fort petites, les doigts aigus et les jambes fort déliées.

Elle sera sujette, dans sa jeunesse, à plusieurs infirmités corporelles, et sera mal soignée de ses parents; aura des frères qui lui donneront du chagrin, ne la voulant pas secourir dans ses maladies, non plus que sa mère fournir à ses besoins nécessaires, ce qui lui fera désirer plusieurs fois d'être hors de la maison; se marie à environ la vingt-cinquième année de son âge, après avoir beaucoup souffert, et n'aura point le regret de quitter ses parents.

Son naturel sera fort modéré et refusera toute concupiscence charnelle; aura peu d'enfants et très-peu de bien; ses enfants ne vivront pas longtemps; elle aura de temps en temps quelques différends avec son mari, causés par sa langue; mais comme elle sera très-caressante, son mari se trouvera encore trop heureux de revenir le premier.

A cinquante ans, elle aura une dangereuse maladie, de laquelle elle pourrait bien mourir, si Dieu et les bons médicaments ne l'empêchaient. Son mari l'aimera fort, mais sera sujet de n'avoir pas de retour.

Ses voisins causeront de la jalousie dans son ménage et y mettront le divorce par des faux rapports qu'ils feront de sa vie; mais tout cela se dissipera par l'expérience qu'il en verra, Malgré le danger, risque le paquet, épouse.

JUIN (L'ÉCREVISSE).

Quatrième signe du zodiaque, qui commence le 21 juin jusqu'au 21 juillet.

La femme qui naîtra dans ce mois sera de bonne complexion, de disposition robuste, joyeuse et assez bien fortunée, blanche et ferme, aura une grosse voix, aimera à boire, sera forte et hardie, fâcheuse dans le logis, et sera sujette à dire et à faire des folies, ne croira pas les choses facilement, dira beaucoup de paroles vaines, sera luxurieuse et très-voluptueuse.

Un héritage lui tombera sans y songer; et selon la mauvaise fortune, étant avec son mari, elle n'aura point de paix; aucuns parents ne lui resteront, sinon qu'un frère; sera joyeuse en compagnie, aura plusieurs procès avec les siens, mangera bien et boira encore mieux, sera d'un esprit léger. Elle sera mariée trois fois et aura plusieurs enfants malsains et de faible complexion, de sorte qu'ils ne vivront pas longtemps.

Sa dernière maladie sera à soixante ans, qui sera fort longue, et qui la guérira de tous les maux; car, comme dit le prince des philosophes : *Mors remedium est omnium malorum.*

Étant luxurieuse, sa trop grande chaleur naturelle sera cause qu'elle n'aura pas beaucoup d'enfants. Elle sera grande parleuse avec ses commères, aimant le caquet.

Son humeur serait de faire bonne chair et de ne travailler guère, d'être bien servie et bien nourrie, autrement la paix ne sera pas dans la maison.

Son humeur altière grondera toujours son mari ou ses enfants, ou ses domestiques.

Oh ! pour celle-ci, fais ce que tu voudras.

JUILLET (LE LION).

Cinquième signe du zodiaque, qui cemmence le 21 juillet jusqu'au 21 août.

La femme qui naîtra au mois de juillet sera jolie, aura les cheveux longs et rougeâtres, un regard terrible et audacieux, le col court, beau sein ferme et bien placé, sera marquée à la fesse gauche, sera rude en paroles et difficile à contenter; ses dents seront larges et fortes, aura les mains potelées; sera hardie, colérique et boudeuse.

Aimera les caquets, se divertira beaucoup, sera amoureuse et aimée de plusieurs, parce que sa bonne grâce et ses beaux discours lui attireront la jeunesse de son voisinage, ce qui donnera de la jalousie à son mari avec raison.

Elle aimera le commerce, sera d'une grande fatigue; elle aura diverses maladies, sera sujette aux flux de sang, fort ambitieuse, voudra devenir femme du bon ton.

Malgré ses défauts, elle sera bien aimée de son mari et haïe de quelques parents. Après la mort de son mari, elle aura un procès contre ses parents, et ses proches lui causeront grande perte; sera trompée en diverses façons.

Les astres la menacent de perdre son premier mari, ce qui lui sera une grande perte, d'autant que lui restant quantité d'enfants, et peu de moyens pour les élever, chacun l'abandonnera et tirera de son côté.

Le ciel la menace encore d'être mordue d'animaux; elle se doit priver d'aller sur l'eau.

A quarante-huit ans, elle pourra avoir une grande maladie, dont, si elle en échappe, elle pourra encore vivre longtemps, mais non pas beaucoup de chagrin et d'inquiétude. Sa fortune sera fort médiocre.

Je ne veux pas, lecteur, te conseiller pour celle-là.

—

AOUT (LA VIERGE).

Sixième signe du zodiaque qui commence le 22 août jusqu'au 23 septembre.

Celle qui naîtra dans ce mois sera assez belle quoique brune ; son visage bien fait, sa tête ronde et chevelue, son regard amoureux, un beau nez, une petite bouche, la voix claire, le col long et enfin bien proportionnée par tout le corps.

Elle sera d'assez haute stature, de grosseur convenable, sera aimée de plusieurs, fort diligente en ses affaires, aimera à se baigner, sera curieuse d'apprendre plusieurs choses, principalement la musique, l'arithmétique, à bien lire et écrire, à danser et voir le beau monde ; sera un peu dévote, aimera Dieu et son prochain.

Quant aux maladies, elle n'y sera pas sujette, étant d'un naturel fort tempéré, et même étant née sous le signe de la Vierge. Ses bonnes mœurs la feront rechercher en mariage, mais elle n'y consentira pas aisément.

Comme les femmes ne sont pas toutes de même humeur, et que ce sexe est fragile comme un verre et changeant comme le vent, on ne peut pas bien décider au juste de leur horoscope. Je dirai donc que celles qui se marieront auront beaucoup d'enfants, seront bien aimées de leurs maris, à cause du signe dominant, seront fort propres dans leurs toilettes, fort soigneuses à amasser du bien et élever leurs enfants en la crainte de Dieu.

C'est un assez bon sujet, prends-là.

SEPTEMBRE (LA BALANCE).

Septième signe du zodiaque, qui commence le 23 septembre jusqu'au 22 octobre.

Celle qui naîtra dans ce mois, selon l'astronomie naturelle, sera belle et de bonne humeur, de haute stature, les cheveux longs, sera curieuse d'apprendre plusieurs choses, principalement la danse, elle aura le corps bien fait, sera aimable, familière, amoureuse et aimée de plusieurs amants.

Elle se mariera à vingt ans, sera sage et prudente, vertueuse et de bon conseil, bonne ménagère; ne dissipera pas le bien de son mari; car elle en aura deux : le premier sera riche, âgé et de grande prudence; le second ne le sera pas autant et dissipera une grande partie du bien du premier. Ses enfants seront molestés par leurs parents, et ne vivront pas longtemps. Elle sera coquette, ce qui lui causera de la zizanie dans la maison; aimera les compagnies, le jeu, le bal et autres divertissements.

Tâche, ami lecteur, d'être le premier mari et non le second.

OCTOBRE (LE SCORPION).

Huitième signe du zodiaque, qui commence le 29 octobre jusqu'au 21 novembre.

La femme qui naîtra au mois d'octobre, sous le signe du Scorpion, aura le visage roux, les cheveux blonds, de forte complexion, de haute stature, le nez large, les sourcils élevés, les yeux beaux, et marquée à la jambe.

Quand à la disposition d'esprit, elle l'aura très-bon, sera affable, discrète, aimée de ses parents qui lui aideront fort dans ses affaires. Elle aimera toutes sortes de viandes, mais principalement les rôtis, la croûte de pain, sera diligente en toutes choses, colérique, l'esprit prompt et subtil, ce qui la fera estimer de tout le monde.

En sa jeunesse, on lui suscitera des procès pour lui avoir son bien; mais elle ne doit rien craindre, Dieu est son protecteur.

Autant celle-là qu'une autre.

NOVEMBRE (LE SAGITTAIRE).

Neuvième signe du zodiaque, qui commence le 22 novembre jusqu'au 21 décembre.

La femme qui naîtra au mois de novembre, sera d'humeur gaie, bien formée, blanche et potelée; les cheveux longs, de grande stature, le front large, les sourcils élevés, le corps bien disposé. Son naturel sera brusque, quoique parfois elle changera d'humeur et se rendra plus traitable; elle aura un signe sur la cuisse, sera charnue et de moyen corsage; propre en ses habits, aimera la nouveauté.

Elle sera timide, mais pourra faire faire quelque folie à son mari. Elle sera constante en sa disgrâce, patiente au travail, libérale à autrui et mal récompensée. Etant mariée, elle aura plusieurs enfants; en ses noces, on fera quelques risées; elle aura des maladies, ses parents lui feront des procès qu'elle gagnera.

La malice des hommes la voudra déshonorer en son veuvage, la voulant faire passer pour concubine; mais son innocence la justifiera.

Le choix est si difficile à faire ; ma foi, fais ce que tu voudras.

—

DÉCEMBRE (LE CAPRICORNE).

Dixième signe du zodiaque, qui commence le 21 décembre jusqu'au 22 janvier.

Celle qui naîtra au mois de décembre sera aimable, aura le visage doux et agréable, la voix claire, un corps bien fait et bien dispos, bel entretien, ce qui la fera paraître dans les sociétés. Elle pourra avoir deux maris, dont le premier ne restera pas longtemps, aura peu de fortune, néanmoins par son industrie et sa bonne conduite, ils vivront honnêtement.

Si elle reste la dernière, un sien parent lui cherchera un procès à tort, elle le gagnera avec bien de la peine et de la fatigue, mais sa partie sera condamnée aux dépens.

Quant aux maladies, elle en aura trois, causées par mélancolie : elle en aura une à trente ans, fort dangereuse, mais de laquelle elle ne mourra point à cause du soin particulier qu'on prendra d'elle. Elle en aura une autre à cinquante, dont elle ne pourra s'échapper, à moins que Dieu tout-puissant n'y mette la main. La tristesse et le regret de se voir maltraitée de ceux qui devraient la secourir, lui causeront la mort.

Oh ! pour celle-ci je la prends pour moi.

—

HOROSCOPE DES HOMMES

VOYONS LE PORTRAIT DE MON MARI

—

JANVIER (LE VERSEAU).

L'homme qui naîtra dans ce mois sera d'une stature médiocre, le visage assez beau, les cheveux frisés, la voix douce et agréable, ni trop gras, ni trop maigre, point malicieux. Il sera d'un bon naturel, savant et très-grand orateur, d'une humeur colérique, qui le rendra chagrin : il croira facilement ce qu'on lui dira ; il oubliera aisément ses dettes ; sa colère étant passée, il sera doux comme un agneau.

Parfois il sera mélancolique et d'une humeur tiède, fort dévot, fréquentera les églises, aimera Dieu et son prochain, aura bonne conscience.

De plus, les signes célestes l'inclinent à souffrir grand travail et souffrance en sa jeunesse, comme pauvreté, misères, calamités ; il fera plusieurs voyages et sera curieux de voir le monde ; il aura une grande maladie en sa jeunesse, environ vers sa douzième année, aimera les femmes et aura un signe sur le bras ou sur le genou.

Le ciel le menace de perdre sa première femme en diverses façons ; il fera mieux ses affaires dans sa maison qu'au dehors. Il aura une grande maladie à environ trente ans, dont il réchappera, et vers trente-six il fera mieux son profit que jamais.

—

FÉVRIER (LES POISSONS).

L'homme qui naîtra au mois de février sera de haute stature, aura le visage rouge et de bonne couleur, un signe couvert, le corps mâle et blanc, bel estomac, beau front, beaux yeux; aimera les viandes aigres, aussi les choses humides, venteuses et froides; se délectera en l'eau, à la pêche; il aimera la conversation des hommes de paix et courtois, aimera l'honneur. Il ne sera pas grand discoureur, et lorsqu'on lui parlera, il sera lent à rendre réponse; il sera luxurieux, aimant les femmes et le jeu, sera avare dans sa maison et prodigue au dehors, pour paraître en compagnie, il sera médisant et indiscret, révélant les secrets de ceux qui les lui confieront; il sera fâcheux, pour peu de chose se mettra en colère.

Les astres le menacent de perdre sa première femme, il sera sujet d'être faible dans sa patrie et grand voyageur, il fera du gain et pourra trouver fortune hors de son pays. Il sera paresseux, et pour sa négligence il perdra plusieurs choses, le bonheur lui en voudra malgré sa négligence et il n'entreprendra rien qui ne lui réussisse. Il sera fin et subtil, menteur et trompeur : il dira une chose et en fera une autre. Il ne se mettra point en peine de tenir ses promesses, si bien qu'il ne fera pas bon de se confier à lui, à cause de ses fourberies.

MARS (LE BÉLIER).

Celui qui naîtra au mois de mars sera d'une nature médiocre, aura une belle face et non trop blanc. La plupart ont quelques signes semblables à ceux de la picote, les cheveux châtains ou blonds, la barbe belle, la voix féminime, aura quelques signes aux jambes, sera beau discoureur, aimera le pain bien cuit, la croûte, la viande rôtie et les viandes salées : aimera le potage et choses humides, il aimera la pêche, les fontaines, les rivières et étangs, se plaira à se promener sur l'eau ; il se plaira aussi à jouer de divers intruments ; aimera fort l'argent et les femmes.

Il se trouvera bien de sa femme et engendrera plusieurs enfants ; il aura quelque inclination pour le sacerdoce : plusieurs fois il se mettra en désespoir, cependant il montrera belle face joyeuse, mais quelquefois mélancolique. Il aimera les sciences et les arts libéraux, il aimera les compagnies et conversations honnêtes, il aura des richesses et moyens proportionnés à son état, il aimera l'étude et aura beaucoup de choses en son pouvoir ; il sera capricieux, mais soudain il se remettra. Il est en danger d'être blessé à la figure ou autre endroit de la tête, d'avoir mal aux yeux, d'avoir plusieurs querelles et différents, provenant d'inimitiés secrètes ; il aura beaucoup de peines en sa jeunesse, il tombera dans l'eau et sera en grand danger d'être noyé ; souffrira des affronts par des ennemis à cinquante ans ; il deviendra pauvre, ce qui le fera mépriser de ses amis et de tout le monde.

AVRIL (LE TAUREAU).

Celui qui naîtra dans ce mois sera d'un teint fort blanc, belle tête, bouche grande, le col gros et charnu, signalé à la nuque, au col ou à la tête, de couleur mêlée, tirant sur le roux; sera sujet d'être furieux, boudatif, hardi, présomptueux et cruel.

Plus, il sera enclin d'aimer les femmes, souffrira plusieurs affronts et disgrâces, tant de ses ennemis que d'autres. Il sera fâcheux, avaricieux en la dépense de sa maison, libéral au dehors.

Il sera fort ambitieux pour amasser du bien, il sera fortuné en trafiquant, il réussira dans ses affaires, il acquerra des richesses, aura une femme riche, avec des héritages, sera infortuné et fugitif pour quelque affaire, et sera volé; il sera studieux, mal pensif, diligent dans ses affaires.

Il sera communicatif et point secret : il se doit garder du feu. Il aura une maladie vers la douzième année de son âge, et une autre à dix-huit ans; puis à trente il changera de complexion; sera trahi de ses voisins, il aura pouvoir de commander sur les autres, sera obéi et tout lui réussira.

Il est menacé d'une chute, mais sans péril de sa vie; il fera fortune, il sera sujet aux maux de dents, il aura une maladie à quarante ans, et s'il la passe, il deviendra plus riche, et à environ 62 ans, il doit mourir de maladie.

MAI (LES GÉMEAUX).

Celui qui naîtra dans ce mois, sera sujet aux maladies qui suivent, comme mal de Naples, ulcères, plaies, fistules, etc., étant guéri d'un mal, il lui restera toujours des douleurs dans les os; il sera bel homme, de haute stature, modéré, bien fait, de faible complexion; il se fera aimer par sa vertu, il gouvernera bien sa famille.

Il fera divers voyages dans des pays éloignés, et y fera grand profit; sera courtois, courageux et se défendra au besoin; il sera recherché dans ses habits, galant, ambitieux, faisant ses fonctions diligemment.

Il sera scrupuleux, peu de choses le fâcheront; il sera gracieux et aimable, haïssant la luxure et aimant la piété. Le ciel le menace de morsure de bête venimeuse. Il sera accusé faussement d'avoir commis un délit, plusieurs fois il sera mis en prison, mais il en sortira avec honneur.

JUIN (L'ÉCREVISSE).

L'homme qui naîtra en ce mois sera de petite taille, de couleur brune, avec un signe aux cuisses; il sera lent en paroles, faible de corps, peu ingénieux, fort velu, le front étroit, dur à apprendre. Il aura bonne conscience, vivra sans malice, aura soin de ses affaires, sans se mêler de celles des autres ; sera luxurieux, aimant fort les femmes sans en être aimé et toujours trahi.

Il n'amassera pas de fortune et aura beaucoup d'affaires en sa vie. Il passera pour trompeur et se trompera souvent : il ne doit jamais marcher de nuit, car il est menacé d'un guet-à-pens.

Le ciel le menace aussi d'incendie en ses biens et en son corps.

Il sera curieux de toutes choses, et sera passionné pour une femme.

Il aura des enfants bien-aimés; il acquerra un peu de bien en sa jeunesse et deviendra pauvre sur la fin de ses jours, aura besoin d'être assisté de ses parents, car ses amis l'abandonneront.

JUILLET (LE LION).

L'homme qui naîtra dans ce mois aura une belle figure, les cheveux blonds, de médiocre stature, aura un signe au menton, aura de beaux yeux et les sourcils élevés et de couleur rougeâtre; son corps sera bien proportionné : il sera hardi et courageux; fort colérique, mais cela ne durera pas; il sera bavard et jovial en compagnie ; il sera trompé par les femmes, sera miséricordieux quoiqu'on lui ait fait de grands dommages, et prenant garde à l'avenir, il passera en honneur et s'acquerra l'estime des gens de bien.

Il sera bien venu dans les compagnies à cause de son bon naturel. Il ira en plusieurs lieux du monde et souffrira de grandes peines et disgrâces; aimera passionnément les femmes galantes et n'aura aucun retour : avec le temps il souffrira grande tribulation et aura un très-grand chagrin de voir que la discorde soit toujours dans sa famille, à l'occasion de quelques mauvais frères qui dissiperont le bien de leur père.

Il aura diverses maladies, aimera l'agriculture; il aura le visage rond; après quarante ans, il aura une grande maladie périlleuse, sera connu des princes. A quarante-huit ans, une autre maladie dont il aura de la peine à se garantir; mais Dieu l'aidant, lui qui domine sur tout, peut seul l'en préserver.

AOUT (LA VIERGE).

Celui qui naîtra dans ce mois aura le visage long, les cheveux frisés, la vue claire, le col bien proportionné, la poitrine large, il sera de couleur basanée, les sourcils noirs et beaucoup de cheveux. Il sera ambitieux, grand chicaneur, sera courageux et vaillant aux armes; mais fort changeant en ses desseins. Il sera grandement désireux de savoir les sciences, il sera de bonne complexion et nature, aimera Dieu et la religion catholique, apostolique et romaine.

Il aura des maladies dangereuses; après trente ans, il sera menacé de mort ou de prison, mais il s'en délivrera. Il sera miséricordieux et donnera de bons documents aux autres; il aura une belle femme qu'il aimera beaucoup, sans être payé de retour.

SEPTEMBRE (LA BALANCE).

Qui naîtra dans ce mois, selon la chiromancie d'Indogine et autres fameux auteurs qui ont traité de ces matières, aura un beau visage, une belle tête, le corps bien proportionné à sa première partie. Il aura un signe au front où à la lèvre supérieure, il sera hardi en paroles, la voix haute et semblera être toujours en colère, quoique non. Il sera homme sage et prudent, de grande réputation entre les hommes vertueux; il sera juste en ses faits et dits, point menteur ni détracteur, et à cause de ses bonnes mœurs, il sera aimé de tout le monde.

Il donnera de bons conseils à ses amis, sera sujet à quelques maladies au douzième an de son âge, qui n'auront pas d'effet. A quarante ans il aura une seconde femme qui lui consumera toutes choses jusqu'à ses habits. Malheur à lui de l'avoir connue, car elle lui causera la mort.

OCTOBRE (LE SCORPION).

Celui qui naîtra dans ce mois, selon la vraie physionomie, aura une belle face, la tête difforme, avec un signe *in spaculis* ou bien au bras gauche, la poitrine large, le corps gracieux. Quant à la couleur, il l'aura vermeille et les cheveux blonds. Il sera d'humeur prompte et le corps blanc, bien proportionné; il sera inconstant, promettant une chose et en faisant une autre, tellement que personne ne pourra connaître ses desseins, ainsi nul n'osera se fier à lui, de peur d'être trompé.

Il sera méchant en sa jeunesse, ce qui lui causera des ennemis. *Multas iniquitates fecit multaque mala*; c'est pourquoi il sera pauvre. Il fera plusieurs voyages comme vagabond, il sera impitoyable, prendra une femme avec difficulté et aura du bien par adresse; à la fin il sera en danger d'être tué. *Fortè perietur*

NOVEMBRE (LE SAGITTAIRE).

Celui qui naîtra dans ce mois sera beau de figure, beau teint, mixtionné de couleur de roussette, la tête grosse, de faible complexion. Il aura quelques taches aux yeux et un signe au bras gauche; il sera prompt et superbe, aimera l'étude et la vertu, verra plusieurs pays étrangers, fera quelque gain en sa jeunesse, mais il sera envié de ses voisins.

Un de ces parents lui causera du dommage, il dominera sur plusieurs, il sera bien venu dans les compagnies, sera luxurieux et fera des bâtards, il sera libéral envers ses amis, il sera grave et songera à ses affaires, il aura des maladies dont il échappera, il trompera sa femme secrètement, il supportera les injures, sera l'ennemi de l'oisiveté et sera mal recompensé de ceux qu'il aura bien servis; aura des enfants ingrats.

DÉCEMBRE (LE CAPRICORNE).

Celui qui naîtra dans ce mois, aura une belle figure, les cheveux châtains et épais; il aura un signe à la tête ou au bras droit, aux parties génitales, aux talons et aux cuisses, *corpus concedens*, le corps bien fait, de couleur basanée. Il sera de bonne complexion, honnête homme, quoique colérique, superbe et luxurieux. Il servira plusieurs de ses amis, dont il sera mal récompensé et payé d'ingratitude.

Il fera fort envie, et pour femme, il souffrira beaucoup.

Il sera médisant et sera mordu d'un chien hydrophobe, sera colérique, sujet au mal de yeux, se plaira aux armes, sera humide, ce qui lui causera beaucoup de bile et maux d'estomac; il sera trahi par une femme et il lui sera fait beaucoup de mal si Dieu ne l'en préserve.

FIN DES HOROSCOPES.

PRONOSTICS

DU DOCTEUR

MELCHISEDECH

SUR LA DESTINÉE

DE CHAQUE PERSONNE

NOTA. Le docteur Melchisédech naquit à Babylone, sous le règne de Nabuchodonosor, troisième du nom. Il fit le tour de la terre à pied ; et c'est dans ses longs voyages qu'il apprit à connaître la destinée de chaque individu, par l'examen des différents caractères que la nature a imprimé sur sa personne.

Plusieurs siècles après sa mort, ses divins pronostics furent trouvés dans les catacombes de Ninive. Les voici tels qu'ils nous ont été transmis par l'un des disciples de Zorastre.

Un homme qui a le nez camard joint à une bouche petite, le menton rond, la barbe épaisse, les cheveux frisés, les paupières élevées, sera entreprenant, actif, heureux dans ses projets.

Si un homme, en marchant, semble fléchir sur ses genoux, si sa tête est mal assise sur ses épaules, si ses yeux paraissent flotter dans leur orbite, il sera malheureux dans presque toutes ses entreprises,

Si quelqu'un vous demande votre avis sur ce qui doit lui arriver, faites-lui ouvrir la main : si vous y trouvez un M parfaitement formé, il prospérera dans sa fortune et sera malheureux en femme.

Voyez cette femme dont le front n'est qu'à demi-couvert, dont les paupières se joignent, qui a une légère fossette au menton, un signe presque imperceptible à la joue droite, elle est fausse, hypocrite, sans attachement qu'à elle-même.

Cet enfant qui à les doigts courts, la main régulière, les traits de la paume bien caractérisés, sera heureux au jeu de hasard.

Faites-le jouer pour votre compte, il ne trompera pas votre espérance.

Examinez le genou de celui-ci : si l'os en est pointu et les rides de la peau transversales, il sera filou, menteur, un vrai vaurien.

Si la prunelle de l'œil gauche paraît plus mobile et plus transparente que celle de l'œil droit, celui qui a ce défaut de conformation, ne sera qu'un bavard. Ne lui confiez pas votre secret, il en abusera.

Un homme qui a la face large, le nez pointu, la tête ronde, l'œil vif, le cou long, est un ami sincère et généreux, il saura vous défendre dans l'adversité.

Évitez de vous marier la veille d'une grande fête, votre vie ne sera qu'une continuité de peines, de chagrins et de douleurs.

Malheur à l'enfant nouveau-né qui a entendu le chant du coq avant d'avoir vu pour la première fois la lumière du jour.

Lorsque vous entrez au bain, mettez le pied droit le premier dans l'eau, vous ne seriez pas longtemps à vous repentir d'avoir méprisé ce précepte.

Plus les rides du front approchent des paupières, moins celui qui est ainsi conformé mérite votre confiance, Il est hargneux, dissimulé, peu propre à faire l'agrément d'une société.

Un enfant qui naît les oreilles pendantes, sera heureux, mais sans courage.

Un homme qui a la nuque du cou exhaussée, la fossette ovale, la barbe inégale, sera malheureux pendant la moitié de sa vie. La fortune cessera enfin de le poursuivre, il sera passablement heureux.

Ce sera une carrière bien pénible que celle que parcourra l'homme dont les cuisses sont disproportionnées dans leur longueur, le coude pointu, les lèvres grosses, les yeux chassieux.

Un homme qui a un signe au sein, sur le nez, dont les rides transversales du pouce n'excèdent pas le nombre de quatre, et qui a une légère fossette à la joue, sera heureux dans ses projets, mais sans cesse en butte à ceux qui chercheront à le tromper.

Si un enfant vient à vous naître pendant la grêle, surveillez sa conduite, et soignez son éducation, car il aura les mœurs farouches et de très-mauvais penchants.

Si au festin de vos noces, un épervier vient se placer sur votre maison, cet événement-là est de mauvais augure, votre mariage ne sera pas heureux.

Si le septième jour de votre mariage il vous arrive un événement imprévu, dont vous ayez à vous applaudir, vous coulerez des jours heureux pendant tout le cours de votre ménage.

Un homme qui, à la fleur de l'âge, a le sommet de la tête chauve, les yeux noirs et le front ovale, est un bon citoyen, bon père, bon mari.

Heureux celui qui, le neuvième jour de sa treizième année, voit la lune en son plein, il sera heureux dans toutes ses entreprises.

Si votre dix-septième année commence par un jour de pluie, mariez-vous le plus tard que vous pourrez, car vous éprouverez de grandes contrariétés dans votre ménage.

Voulez-vous savoir les secrets d'une femme? Posez sur ses lèvres, pendant qu'elle dort, la langue d'une grenouille, et vous saurez tout ce qu'elle a dans l'âme.

Nous avouons que nous sommes un peu *Thomas* à l'égard de ces dernières pages que nous venons de copier; mais enfin ces observations nous les rangeons dans la catégorie des *remèdes de bonnes femmes*, s'ils ne font pas de bien, assurément ils ne font aucun mal; peut-être aussi les remèdes les plus simples sont-ils les meilleurs.

FIN DES PRONOSTICS.

INTERPRÉTATION

DES

FLEURS ET DES ARBRES.

Un bouquet composé de quatre fleurs ou d'un plus grand nombre, est le plus heureux de tous les présages, et si vous découvriez quelque triangle dans le voisinage du bouquet, vous seriez infailliblement le plus fortuné de tous les hommes, ou la plus fortunée de toutes les dames, tant du côté des biens, des honneurs, contentement, que du côté des amours et de la famille.

La figure d'une rose promet la santé ; la forme d'un saule pleureur une mélancolie prochaine ; la forme d'un buisson des retards.

ALECTROMATIE

OU

Divination par le moyen d'un coq.

Dans les campagnes, certaines jeunes filles pratiquent cette science pour connaître le nom du garçon qui leur est destiné en mariage; voici de quelle manière elles opèrent :

On trace un cercle, on inscrit sur la circonférence les lettres de l'alphabet. On place sur chaque lettre un grain de froment ; on pose le coq au centre du cercle, et l'on remarque les lettres qui correspondent aux grains qu'il avale les premiers. On les relève et on en compose un horoscope qui, dit-on, satisfait toujours la questionneuse ; on rapporte comme autorité à l'appui de l'efficacité infaillible de ce système, l'anecdote suivante :

L'empereur Valens ayant excité, par sa tyrannie, l'horreur de ses sujets, quelques jeunes seigneurs de sa cour songèrent de lui donner un successeur. Ils s'adressèrent à un devin qui pratiquait l'alectromatie. L'opération se fit comme il est indiqué plus haut. Le coq se jeta sur les grains qui indiquaient les lettres T, H, E, O, D. On en conclut que l'empire devait appartenir à Théodore, secrétaire de Valens, homme d'un mérite éminent, estimé et chéri de tout le monde. On lui proposa la couronne qu'il eut la faiblesse d'accepter ; mais le complot fut découvert, et il périt, lui, ses complices et tous ses amis. On remarque comme une particularité assez singulière que Valens, non content de cet acte de vengeance, proscrivit tous ceux dont le nom commençait par les cinq lettres désignées par le coq, ce qui n'empêcha pas qu'il eut pour successeur le grand Théodore.

Oracle des petits papiers.

Nous terminerons notre livre par indique deux autres manières en usage dans les pensionnats, les couvents, les réunions de jeunes personnes, etc. Dans la première, lorsqu'une jeune fille questionne l'oracle des petits papiers, il est bien entendu que c'est pour connaître le nom d'une personne bien chère, ou celle que l'on doit haïr, ou presque le plus souvent, quel sera le nom de son futur; voici le moyen le plus généralement employé : après avoir rempli d'eau un vase quelconque aux deux tiers de sa hauteur, l'on coupe des petits papiers en triangle, et dont le nombre doit toujours être impair, l'on y inscrit partiellement le nom des diverses personnes qui nous sont le plus dévoués, ou qui jouent ensemble le rôle de soupirant, il faut que le nombre en soit pair; sur le dernier qui est l'impair l'on met le nom du diable, et l'on précipite alors ces petits papiers tous ensemble dans le vase, en ayant eu soin de les rouler en forme de petits bâtons de l'angle droit au gauche, le premier petit papier qui se déroule à la surface de l'eau, est toujours la réponse de l'oracle; si le nom du diable se déroulait le premier, c'est un signe évident que la questionneuse coifferait sainte Catherine.

L'autre méthode, nommée l'oracle Vulcain, est aussi simple et présente parfois quelques dangers à la personne qui l'exécute ; elle consiste à prendre une cuillère d'étain, à la faire fondre sur une pelle rougie au feu, et lorsque le métal est en fusion, de le précipiter dans un vase plein d'eau ; c'est alors que le danger est éminent ; le combat qui se livre entre ces deux extrêmes cause quelquefois des accidents graves, quand on ne sait pas s'en garantir ; il serait bon de se poser le bras devant la figure, en versant, et de précipiter le métal à bras tendu, par-dessus le dossier d'une chaise. Tant qu'au résultat, les personnes qui emploient ce système assurent que dans les formes bizarres que prend le plomb au fond du vase, il est facile de rencontrer des signes hiéroglyphes, identiquement conformes aux outils de la profession qu'exercera l'époux de la questionneuse. Nous renvoyons à l'essai, en recommandant de la prudence.

FIN

TABLE DES MATIÈRES

CONTENUES DANS CE VOLUME.

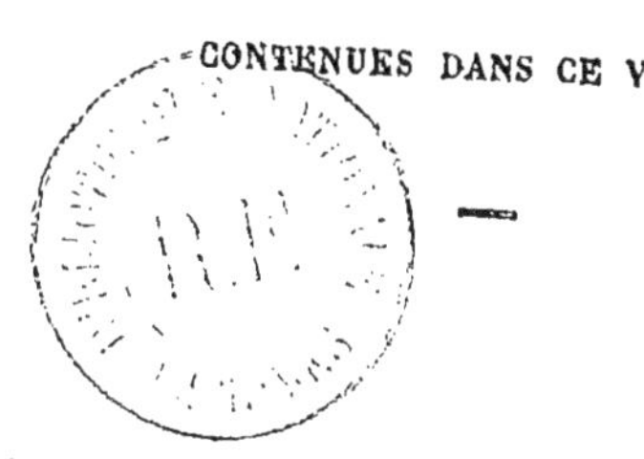

—

	Pages.
Avis au beau sexe,	5
Avant-Propos,	7
Art de tirer les Cartes,	8

EXPLICATION DES TAROTS, ou le Grand Oracle Égyptien.

La Terre,	11
Homme et Femme méchants,	11
Étoiles brillantes,	12
Union,	12
Homme dangereux,	12
Bienfaits, Augmentation,	12
Richard corrupteur,	12
Propos,	13
Voyage,	13
Ennui et Dégoût,	13
Billet doux,	13
Fidélité,	14
Chagrin et Deuil,	14

	Pages.
Victoire,	14
Bateleur,	15
Fausse amie, Femme traître,	15
Douceur,	15
Mariage et Réunion,	15
Homme blond bienfaisant,	15
Bonne Femme blonde bienfaisante,	15
Garçon blond,	16
Filles blondes et châtaines,	16
Etranger, Nouvelles,	16
Petit Maître embarrassé,	16
Solitude, Repos,	16
Batterie, Bacchanal, Dispute,	17
Sottise, Mauvaise coquette,	17
Femme traître,	17
Obstacles,	17
Prison,	17
Dépouillement, Voleurs,	17
Jalousie, Courtisane,	18
Ville,	18
Le Désir,	18
Abandon, Désunion,	18
Célibataire, Indécision,	18
Abondance,	19
Procès, Chicane,	19
Caquets,	19
Nouvelles,	19
Création de l'homme et de la femme,	19
Le Paradis perdu,	19
La Force majeure,	20
La Prudence,	20
La Tempérance,	20
La Justice,	21
La Fortune,	21
Mortalité,	21
Le Sage,	21
Dissension,	21
Homme entre le vice et la vertu,	22
L'amour vous unit,	22

	Pages.
La Foi,	22
Jupiter,	23
Junon protectrice,	23
Le Fou,	23
Homme de campagne,	23
Filles brunes et châtaines,	24
Garçon brun,	24
Bonne femme brune,	24
Homme de tout cœur,	24
Charité, Franchise,	24
Vieillard père de famille,	24
Un Hypocrite,	25
Economie, Source d'argent,	25
Lettre envoyée,	25
Bon voyage par mer,	25
Maison, Table, Festin,	25
Patrouille, Sûreté, Poursuite,	26
Naufrage, Grand malheur,	26
La Renommée,	26
Bonne foi, Amitié, Réussite,	26
L'espérance,	26
Lucine, Fécondité,	27
L'Hymen,	27
L'Amour,	27
Instruction relative à l'ordre suivi pour les numéros,	27
Désignation des 52 cartes,	28
Ordre des cartes par numéros, et leur valeur d'après Etteilla,	29
Nouvelle Pythonisse,	37
Méthode de madame Clément pour l'interprétation du jeu égyptien ou Livre de Thot,	41
Manière simple et facile de tirer les cartes avec un jeu de piquet, d'après Etteilla.	45

Pages.

Fragment d'Etteilla. 54

Interprétation des 32 cartes, 56

Manière simple, naturelle et facile d'expliquer les songes à l'aide des cartes, 60

Signification des deux cartes côte à côte dans l'ensemble du jeu, 64

Tours de Cartes, leur explication, 70
Les quatre As, 70
Coup de Piquet surprenant pour deviner toutes les cartes que l'on sort du jeu, 71
Les Cartes ressuscitées, 72
La Carte conservée, 72

Autres Tours, 73
La Carte Sympathique, 73
Le Cadran magique, 75
Une carte pensée, 76
Pour deviner deux cartes pensées, 77

Manière de tirer les cartes par 15, 79
Les Cartes tirées par 21, 81
Les Cartes tirées par 3, 81
Les Cartes tirées par 7, 82
Les Cartes tirées par 22, ou formation de la grande étoile, 83

Méthode Italienne, 83
Observations générales, 86

Pages.

TRAITÉ DE PHYSIOGNOMONIE, ou l'art de juger des inclinations par l'inspection des traits de la figure, 89

Des Ages, 90
Mœurs des Femmes, 91
Des Mélancoliques, 93
Des Pituiteux, 94
Humeur colérique, 94
Humeur de sang, 95
Des Paroles, 95
De la manière du Parler, 98
De la Taciturnité, 99
Du Parler lent, 99
De la Témérité et de la précipitation dans le discours, 100
De l'Affectation en paroles, 101
Des Paroles de gausserie, 103
Des Esprits de contradiction, 103
Matières spéciales, 104
De cacher ou révoquer ses secrets, 106

DE LA PHRÉNOLOGIE ou étude des bosses du crâne de l'homme, 107

Doctrine des docteurs Gall et Spurzheim. 108

OSTÉOLOGIE de la tête humaine, 110
Os du crâne, 110
Os de la face, 111
Des Dents, 111
Des Cheveux 111
Du Front, 112
Des Sourcils, 113
Des Paupières, 114

	Pages.
Des Yeux,	114
De la Face,	115
NOTICE historique sur Lavater,	116
Du Nez,	118
Des Oreilles,	118
Des Mâchoires,	119
De la Bouche,	119
Les Lèvres,	120
Des Dents,	120
De la Langue,	120
De la voix,	121
De la Chiromancie et du jugement des autres parties,	121
Description de la main de l'empereur Napoléon,	127
Suite du jugement des autres parties,	132
Caractère du Juste,	134
De l'Injuste,	135
De l'Homme de bien,	135
De l'Homme instruit,	135
Du Méchant,	136
Des Empoisonneurs,	136
Des Yeux vénéneux,	136
Des Meurtriers,	137
Le Fidèle,	137
De l'Infidèle,	137
Le Prudent,	137
De l'Imprudent,	138
De l'Idiot,	138
L'Ingénieux,	138
Les Mécaniques,	139
Des Pensifs et réfléchis,	139
Les Dociles,	139
Des Constants,	139
L'Insensé,	140
Les Incivils,	140

	Pages.
Les Indociles,	140
Les Sots,	140
Les Inconstants,	141
Les Epileptiques,	141
Ceux qui ont bonne mémoire,	141
Ceux qui l'ont mauvaise,	142
Du Hardi,	142
Les Téméraires,	142
Les Superbes,	142
Les Timides,	143
Les Impuissants,	143
De l'Homme courageux,	143
De l'Avaricieux,	144
Les Libéraux,	144
De l'Intempérant,	144
Le Luxurieux,	144
De la Femme luxurieuse,	145
De l'Ivrogne,	145
Des Endormis,	145
Le Paresseux,	146
Du Tempérant,	146
L'Impudent,	146
Le Honteux,	147
Le Triste,	147
Du Facétieux,	147
Le Dissimulé,	147
Les Menteurs,	148
Du Véridique,	148
Du Flatteur,	148
Les Envieux,	148
De l'Irreligieux ou impie,	148
Les Miséricordieux,	149
Les Joueurs,	149
Le Babillard,	150
De l'Héroïque,	150
HOROSCOPES DES FEMMES,	151
Voilà mon portrait et voilà le vôtre,	151
Avis préliminaire,	152

Pages.

HOROSCOPES DES HOMMES. . 165
Voyons le portrait de mon mari, 165
Pronostics du docteur Melchisédech 175
Sur la destinée de chaque personne, 175
Interprétation des Fleurs et des Arbres, 180
Alectromatie ou divination par le moyen d'un coq, 181
L'Oracle des petits papiers, 103

FIN DE LA TABLE

POISSY. — IMP. S. LEJAY ET CIE.

www.ingramcontent.com/pod-product-compliance
Ingram Content Group UK Ltd.
Pitfield, Milton Keynes, MK11 3LW, UK
UKHW020245250726
13967UKWH00004B/1526